OSE LA CONFIANCE

VA ! JE SUIS AVEC TOI

Du même auteur

Aimer, c'est urgent : une Banque Alimentaire réalisée par l'Amour, Médiaspaul (épuisé).

Habités par le Christ, Desclée de Brouwer.

1re édition 1992, 10 000 ex.
2e édition revue et complétée 1994, 10 000 ex.

Nous remercions vivement les Éditions d'Art liturgica Maria Laach pour leur aimable autorisation de reproduire gracieusement une de leurs belles icônes sur la couverture de cet ouvrage.

CÉCILE BIGO, r.s.c.j.

OSE LA CONFIANCE
VA ! JE SUIS AVEC TOI

Autorisé par Marie-Thérèse Deprecq
provinciale du Sacré-Cœur

Quatrième édition

LETHIELLEUX
François-Xavier de GUIBERT
10, rue Mercœur
75011 PARIS

ISBN : 978-2-249-62213-7

À tous les angoissés, déprimés, désespérés ;
à toutes les personnes remplies du désir de réconforter les gens dans la détresse ;
à tous les amoureux de confiance et d'abandon qui veulent rendre crédible la Tendresse de Dieu.

Plusieurs témoignages cités dans ces pages sont issus d'une longue expérience d'animation de groupes de prière en prison *.

Il est difficile de parler de ce qu'on vit si mal soi-même. Mais ce que l'Esprit me souffle, je ne puis le garder pour moi. Ce que je vais dire me vient d'ailleurs, de la Parole de Dieu, puis des autres. Il m'est difficile de discerner à qui je dois ce que j'écris.

Merci à tous ceux qui m'ont aidée d'une manière ou d'une autre.

Mon Dieu, tu es surabondance de Vie, de Tendresse, de Miséricorde. Fais descendre sur ces pages une effusion du Feu de ton Esprit.

---

* Voir l'historique de ces groupes dans « *Aimer, c'est urgent* », p. 10.

Que ce Feu réconforte, éclaire, réchauffe le cœur de tous ceux qui les liront et par eux se répande sur le monde.

Tous ceux qui demeurent ouverts à cette Source intérieure constateront que tu exauces toute prière au-delà, infiniment au-delà de toute imagination.

Comble-les tous de ta plénitude.

En la fête du Sacré-Cœur,

Chère Sœur Cécile,

Dans le souvenir de nos années communes à Amiens, il m'est agréable de dire, avec vous, à vos lecteurs : « Ose la confiance ; va, Je suis avec toi »... Ces paroles, c'est le Seigneur lui-même qui les leur adresse : « Rien n'est impossible à Dieu », assure l'Ange à Marie en lui annonçant le grand Mystère de l'Incarnation rédemptrice.

À la chapelle de la Médaille Miraculeuse, à Paris, où nous nous sommes retrouvés, l'immaculée n'a-t-elle pas dit à son tour : « Venez à cet autel (donc à l'Eucharistie) ; là, les grâces seront répandues sur tous, les grands et les petits » ?... Et, répondant à sa maternelle invitation, d'innombrables cœurs tourmentés comprennent, dans leur humilité et leur pauvreté, que « la folie de la confiance est la suprême sagesse »... Fascinés, comme vous, par cette nouvelle « icône », ils découvrent en Marie l'infinie tendresse du Seigneur qui, sans cesse, donne et pardonne à chacun de ses enfants.

Que l'Esprit-Saint – tendresse de Dieu en personne – fasse partager à chacun de vos lecteurs cette conviction qui vous anime et les aide à en témoigner : la miséricorde infinie de notre Père veut se déverser dans le monde... Ne l'arrêtons pas !... Accueillons-la !... Transmettons-la !... « Aimer, c'est urgent »... Se laisser aimer par le Christ, plus encore !...

Pentecôte 1992,
P. Michel LLORET*, C.M.*
Directeur général
des Filles de la Charité.

« Si tu ne crois pas fondamentalement aux miracles que je peux faire au cœur même de situations impossibles, à travers ce petit rien que tu es et dont j'ai pourtant besoin, ne viens pas me dire que tu crois en moi. Comprends donc que tout m'est possible… et maintenant écris ce que tu peux, moi j'écrirai entre les lignes. Mais si tu n'écris rien, je ne pourrai pas prendre la plume à ta place. »

Père Louis FUTIN,
lu dans *Panorama*.

DANS LE CREUX DE LA VAGUE
ET DE LA DÉSESPÉRANCE

DIEU a envoyé son Fils dans le monde non pour condamner le monde mais pour que, par lui, le monde soit sauvé » (Jean 3, 17).

Monde de souffrance.

Un père se désole : « Je suis dans un gouffre sans issue, complètement désespéré. Ma femme et moi ne pouvons sortir de chez nous parce que nous vivons avec un malade mental. Il a peur de tout et ne veut jamais rester seul. Il ne faut pas lui parler de l'hôpital psychiatrique sous peine d'entendre des hurlements. Il se barricade et ne veut pas de lumière, elle lui fait peur. Bref, c'est l'enfer. »

Des personnes âgées, seules, dépressives, angoissées, j'en rencontre chaque jour dans ma paroisse et ailleurs.

Nous connaissons tous le mot du cardinal Veuillot (atteint d'un cancer très douloureux) sur le silence qu'il faut garder devant une grande souffrance.

Que faire alors dans les détresses confiées à notre amitié ?

Peut-être, avec un infini respect, apporter comme une fleur de la chaleur humaine, une écoute, un sourire, une compassion, le réconfort d'un instant qu'il faudra renouveler.

Est-ce tout ? Pour les Chrétiens, n'est-il pas possible d'apporter une autre Présence que la nôtre, celle du Christ ?

Le Christ supplée.

Parler au Christ, si nous ne pouvons pas parler de Lui.

À Amiens, un désespéré me confiait son envie de tuer tout le monde.

Je l'écoutais pendant une heure et ne savais que lui dire, il était trop nerveux. Alors je n'ai cessé de prier pour que le Christ supplée à mon insuffisance. À ma stupéfaction, il m'a quittée en disant : « Merci, vous m'avez fait du bien. » Je n'avais pas ouvert la bouche !

En regardant l'icône de la couverture, je me dis : la souffrance est un mystère. Le Père nous a créés avec tendresse pour notre bonheur. Impossible d'apporter une explication à la souffrance. N'est-il pas préférable de nous référer à Jésus-Christ face à la douleur ? Il n'a pas expliqué la souffrance, il l'a prise sur lui. Alors ses frères, les hommes, comprendront qu'ils peuvent se tourner vers lui, lui offrir leurs épreuves, leurs difficultés petites et grandes.

« Par ses souffrances, mon Serviteur justifiera les multitudes en s'accablant lui-même de leurs fautes. C'est pourquoi Je lui attribuerai des foules... parce qu'il s'est livré lui-même à la mort et a été compté parmi les pécheurs, alors qu'il supportait les fautes des multitudes et qu'il intercédait pour les pécheurs » (Isaïe 53, 11-12).

« Venez à moi, dit Jésus, vous tous qui peinez et ployez sous le fardeau et Moi, je vous soulagerai » (Mat. 11, 28).

Rappelle-toi que lorsque tu souffres, plus que jamais tu es dans les mains de ton Dieu. Dis-moi tout ce qui te fait mal. Regarde l'icône, je t'écoute avec tendresse, je comprends tout, je veux te soulager. Je fais mon œuvre en toi, ma Providence est là, elle se sert de tout et si tu demandes la force de supporter l'épreuve, je ne te lâcherai pas, ma force entrera en toi.

Le Seigneur est mon berger.

Un ancien prisonnier du groupe de prière apprend qu'il est expulsé. Il y a pourtant deux ans qu'il travaillait en France avec des papiers en règle. Il vient chez nous le dimanche suivant. Je m'attends à trouver un homme bouleversé et déprimé. Son visage rayonne de sérénité et d'acceptation. Cela me paraît un mystère incompréhensible. Il dit : « Le Seigneur est mon berger, rien ne pourrait me manquer. Il connaît tout, ainsi que mon avenir. Je me mets complètement dans sa main, que peut-il m'arriver puisqu'il me guide et me conduit. » Dans ces conditions, la souffrance devient féconde. Avoir souffert est souvent source de compassion pour les autres.

FASCINÉE PAR L'ICÔNE

L'icône qui illustre la couverture évoque la création de l'homme.

« L'homme modelé au commencement par les Mains de Dieu, je veux dire par le Fils et par l'Esprit, devient à l'image et à la ressemblance de Dieu. » Saint Irénée. Que signifie cet accueil de tendresse ? C'est Dieu lui-même penché sur l'homme pour ne faire qu'un avec lui.

Chaque fois que je me sens démunie, je contemple cette icône et suis envahie par la tendresse de Dieu pour la pécheresse que je suis et perdue en lui.

Qui est cet Homme accroupi, plongé dans la boue pour me rejoindre ?

– Océan de vie, de lumière, de tendresse.

– Père Créateur tout-puissant en bonté, en miséricorde. Père et mère tout à la fois.

– Verbe fait chair, Fils de Dieu anéanti au point de se lier à notre humanité pour toujours.

– Esprit-Saint, l'Esprit consolateur, don du Dieu Très-Haut.

– Dieu, présence trinitaire. Le Christ descend à ma rencontre, enveloppe ma nudité ; il semble vouloir prendre sur lui mes blessures et m'insuffler sa Vie divine.

Son visage penché joue contre joue, ses yeux rivés sur les miens, ses mains m'étreignant avec tendresse, il attend ma confiance, mon abandon pour me combler.

Oui, il est bon, de mettre ma faiblesse face à l'immense tendresse de Dieu ; quand je me trouve pauvre et vulnérable, d'admirer longuement cette icône. Elle infuse au plus profond de moi l'éblouissement de la certitude que chacun de nous est aimé du Père, d'autant plus qu'il est faible, convaincu de son impuissance, de sa pauvreté, de son « droit à rien ». Serais-je choyé à ce point ? Lui et moi confondus dans une même étreinte !

De plus, à l'oreille, le Père me souffle : j'ai besoin de toi pour sauver le monde. Va ! Qu'en toi tous découvrent ma bonté. Je vis en toi, ose la confiance.

« Vois donc, je t'ai gravé sur les paumes de mes mains » (Isaïe 49, 16).

Accepterai-je de contempler cette icône au point de m'immerger dans la Tendresse, de m'y plonger pour basculer dans le Cœur du Père, de faire l'expérience d'être aimé sans mesure, tout de suite dans ma fragilité et mes fautes ?

Si je reste dans ses mains, il ne me lâchera pas.

Cet amour reçu, j'aimerais le transmettre. J'écris devant cette icône. Au fur et à mesure, je mendie la Parole que l'Esprit de Dieu veut me donner pour les lecteurs.

Jésus me dit : « Ose la confiance. Va ! Je vis en toi. »

POURQUOI EN DIRE PLUS ?

Pendant une prière, je venais de lire « la folie de la confiance, c'est la suprême sagesse ».

Cette parole m'a touchée, tellement elle m'a paru vraie.

L'icône est tout accueil. Recevoir cette tendresse, c'est la laisser vivre. Elle envoie aux autres.

Je décide donc de partager cette bonne nouvelle.

Dieu peut tout ce que veut l'Amour. Encore faut-il s'y ouvrir pour le recevoir. Il ne force pas les portes. L'Évangile le rappelle, les promesses de Jésus sont : « Voie, Vérité, Vie » (Jean, 14-6).

Des témoins comme J. Loew l'ont découvert après une longue recherche et des incertitudes. Les paroles de Jésus ont fini par le convaincre. Pour ma part, la chance de ma vie, c'est ma faiblesse.

« C'est lorsque je suis faible que je suis fort », dit saint Paul aux Corinthiens (2 Cor. 12-10).

Dans ma vie, j'ai vu ainsi se déployer d'innombrables fois la Toute-Puissance de Dieu. Il se sert d'instruments entre ses mains pour agir. La « Banque Alimentaire » en est un exemple *.

Pourtant, nos vies ne sont pas sans problème. Tous, nous avons des moments de tristesse, d'angoisse, de doute, de découragement. Il arrive que nous nous sentions comme écrasés par le sentiment de notre péché. La foi reçue chaque jour de Dieu ne nous met pas à l'abri.

Personnellement, mon combat c'est celui de la confiance, par laquelle les grâces abondent. Je reconnais ma faiblesse afin qu'habite en moi toute la force

---

* Voir chapitre 8 du livre *Aimer, c'est urgent.*

La Banque Alimentaire reçoit et distribue gratuitement la nourriture aux associations caritatives. Elle est créée actuellement dans toutes les régions de France et dans quelques pays d'Europe. Il y en a dans plusieurs villes de Pologne et à Madrid.

du Christ. Il me faut espérer contre toute espérance, c'est le message que l'Esprit Saint me souffle.

À tous les découragés du monde, Jésus redit sans cesse : « Venez à moi et je vous soulagerai, je vous redonnerai du courage » (Mat. 11, 28).

Ces paroles sont parmi celles qui touchent le plus les détenus lors des réunions de prière où je regroupe, depuis 1986, ceux qui le souhaitent. Ils affirment : « Nous avons trouvé ici le vrai bonheur. » Certains vont jusqu'à dire : « Maintenant nous nous sentons plus libres que nous ne l'étions dehors. »

L'un d'eux retourne si paisible dans sa cellule qu'il ne se reconnaît plus. Il était venu triste et dépressif.

La découverte de Jésus-Christ transforme tout homme, si mauvais soit-il, s'il s'ouvre à lui en reconnaissant son mal avec la décision de changer.

« Je suis venu appeler non pas les justes, mais les pécheurs pour qu'ils se convertissent » (Mat. 9, 13).

« Nous ressemblons à des gens qui portent un trésor dans des poteries sans valeur, ainsi peut-on voir que la puissance extraordinaire que nous avons ne vient pas de nous, mais de Dieu » (2 Cor. 4-7).

Sa puissance est ma force.

En allant à la prison, il m'arrive d'être fatiguée physiquement ; en sonnant à la grosse porte, je m'appuie littéralement sur la présence en moi du Maître de l'univers. Il veut se déverser sur le monde. Avec la Sainte Vierge, je lui demande d'introduire sa Présence en ce lieu de ténèbres. Je m'ouvre à sa parole pour les frères, dans la certitude que c'est lui qui œuvrera en moi.

Jésus dit : « Hors de Moi, vous ne pouvez rien faire » (Jean 15, 5). Il ne dit pas : vous ne pouvez pas faire grand-chose, mais « rien ».

Quelle force dans cette parole ! Lorsqu'il m'appelle, il fera tout pour moi puisque le bien ne sort que de lui seul.

Alors pour laisser l'Esprit agir en moi, par moi :

« Acquiers la paix intérieure et une multitude trouvera son salut auprès de Toi », répond saint Séraphin de Sarov.

CHAPITRE I

Une confiance folle

Celle-là vole les Grâces du Cœur de Dieu.

« DE sa plénitude, nous avons tous reçu » (Jean I, 16).

Pourquoi la folie de la confiance est-elle suprême sagesse ? Parce qu'elle découle de la nature même de Dieu.

« Ne crains pas, car Celui qui t'a fait, c'est ton époux, le Seigneur, le Tout-Puissant, c'est son Nom, le Saint d'Israël, c'est celui qui te rachète ; il s'appelle le Dieu de toute la terre » (Isaïe 54, 5).

« Quand les montagnes s'éloigneraient et quand les collines s'ébranleraient, mon amour pour toi ne s'en ira pas et mon alliance avec toi ne sera pas ébranlée, déclare celui qui te manifeste sa tendresse le Seigneur » (Isaïe 54, 10).

« Dieu est amour » (I Jean 4, 16). Assigner des

limites à sa tendresse est un non-sens. Cette vérité s'impose. Dieu, notre Créateur, source de vie, a résolu de se répandre et de communiquer sa vie à des créatures. Cette plénitude, nous la recevons en l'humanité de Jésus, « premier-né de toute créature », « image du Dieu invisible » (Col. I, 15).

Jésus transmet sans mesure la vie qui inonde son Cœur. Il devient en nous source de vie pour tous. L'important est de laisser le Christ nous saisir, nous immerger. Notre vie ne peut être féconde qu'à la condition d'être mue par Lui.

Mais, pour réaliser ses plans, Dieu mendie notre faiblesse, notre fragilité, sinon il ne peut agir ; en effet nous ne pouvons rien par nos seuls moyens. Si nous nous dessaisissions de nous-mêmes, la grâce nous submergerait. Ne pas reconnaître sa faiblesse, c'est ne pas percevoir la puissance de Dieu.

« Le Seigneur sauve celui qui s'abrite en lui » (ps 36).

« Sois sans crainte, Moi je marcherai devant toi, pour que tu saches que je suis Dieu » (Isaïe 45, 2-7).

La folie de la confiance nous fait accéder à la démesure de Dieu, à l'excès de sa bonté. Elle s'appuie sur la solidité de Dieu. Elle se laisse atteindre par sa parole et sa force. Elle se fie à la Sagesse suprême. Est-ce à nous de dicter des plans à Dieu ? Seule notre confiance peut distinguer les signes continuels de la tendresse dans nos vies. Des miracles jaillissent de la foi et cette foi se reconnaît elle-même comme un miracle de la miséricorde, en même temps qu'un signe lumineux pour ceux qui nous entourent.

« Fais-lui confiance et lui agira » (ps 36).

Discuter, raisonner avec les seuls arguments humains, c'est devenir inapte à recevoir, à comprendre l'abîme de tendresse du Dieu trois fois saint.

Il a ses raisons.

Une malade de 94 ans me dit un jour : « Même si je souffre très fort (et c'est son état permanent), je sais que Dieu m'aime, Il a ses raisons, je ne les comprends pas, mais j'en suis sûre. »

« Mes pensées ne sont pas vos pensées » (Isaïe 55, 8), dit le Seigneur.

Il s'agit d'un amour au-dessus de notre compréhension ; j'écoute la Parole, je réfléchis, alors la Parole m'éclaire, me conduit vers la Vérité, ce que ne peuvent faire nos raisonnements humains.

Tout remettre à Dieu.

Des parents chrétiens se tracassaient au sujet de leurs enfants adolescents. Ils avaient de grandes difficultés avec eux. Aucune action sur eux ne leur était possible. Alors ils ont pris la décision de les remettre entièrement à Dieu. Ils ne s'appuyaient que sur la parole : « Remettez vos soucis au Seigneur et lui-même en prendra soin. » Et d'avance ils remerciaient Dieu de ce qu'Il ferait. Plusieurs années après, j'apprends que ces deux fils sont mariés et forment deux excellents ménages.

Dans la mesure de notre désir et de notre ouverture, à notre tour, nous sommes inondés de vie par les trois personnes divines, de cette vie trinitaire qui veut nous traverser. « Je suis la vigne ; vous êtes les sarments » (Jean 15, 5). « Celui qui demeure en moi et en qui je demeure porte beaucoup de fruits » (Jean 15, 5).

Uni à Jésus-Christ pour toujours.

Un prisonnier découvre Dieu en détention. Il a soif de recevoir le baptême et se découvre déjà enfant de Dieu par le désir. Il prépare activement ce grand jour. Sorti de prison, il trouve du travail, se joint à un groupe de prière pour affermir sa foi, a besoin d'être épaulé, il se sent faible. Chaque dimanche, j'ai la joie de le voir venir chez nous pour le préparer à cette rencontre tant attendue avec son Dieu. Dans la communauté du Bon larron où se réunissent ensemble anciens détenus et visiteurs de prison, le P. Aubry lui confère le baptême. Son témoignage et son recueillement bouleversent l'auditoire. Il se sait maintenant uni à Jésus-Christ pour toujours. Il s'appuie sur lui par la prière personnelle et nourrit sa vie divine par l'Eucharistie dont il dit avoir absolument besoin pour ne pas tomber en tentation. Il y participe même chaque jour.

L'amour prend peu à peu toute sa dimension dans notre vie quand nous nous « abreuvons de l'Esprit » (I Cor. 12, 13), reçu au Baptême puis à la Confirmation. Alors nous nous ouvrons à Lui et nous laissons mener par Lui.

Sainte Madeleine Sophie Barat – fondatrice de la Congrégation du Sacré-Cœur – l'a bien compris. Elle disait, à 32 ans : « Si j'avais à vivre à nouveau, ce serait pour obéir à l'Esprit Saint et n'agir que par lui. » Elle a vécu jusqu'à 85 ans.

Le Verbe incarné inonde l'homme des richesses insondables de Dieu ; il diffuse sa vie divine. Face à cette miséricorde, j'ai à vivre une confiance inconditionnelle. Cette confiance s'obtient par la supplication.

« Dieu a tellement aimé le monde qu'il a donné son Fils unique pour que tout homme qui croit en lui ne périsse pas, mais aie la vie éternelle » (Jean 3, 16).

Cela veut dire : Dieu a follement aimé les hommes. L'incarnation de Jésus-Christ, sa vie, son Eucharistie, sa mort sur la croix, sa résurrection... le prouvent assez. Oser croire en sa Parole accomplit l'incroyable. Dieu met sa gloire à être vaincu par la confiance.

Attends chaque jour l'inattendu de mon Esprit-Saint. Jésus, s'il te plaît, que ton Cœur nous accorde une foi à transporter les montagnes en ton regard, ta sagesse, l'immensité de ta miséricorde et de ta tendresse, en la force de ton Esprit. Qu'elle se traduise par une incessante action de grâces pour tes innombrables bienfaits et la sérénité en toutes circonstances.

Oui, j'attends de toi, bonté toute-puissante, de recevoir la certitude de foi en ton plan de salut.

Ce plan sera réalisé en moi et dans le monde en tous les événements.

Merci de me donner cette confiance sans conditions pour t'accueillir, Dieu en Dieu, et te louer quoi qu'il arrive.

CHAPITRE II

Toute prière est exaucée

« Que veux-tu que je fasse pour toi ? »
(Marc 10, 51)

Voici l'assurance que nous avons devant Dieu, si nous lui demandons quelque chose selon sa volonté, il nous écoute et sachant qu'il nous écoute quoi que nous lui demandions, nous savons que nous possédons ce que nous lui avons demandé » (I Jean 5, 15).

La prière est toujours exaucée

Prier le Dieu de tendresse et de bonté, c'est être exaucé.

Cette promesse est inscrite dans toute la Bible.

Les promesses de Dieu sont un message pour aujourd'hui et pas seulement pour hier. Demander quoi que ce soit avec la certitude d'être exaucé, c'est lui permettre d'agir, mais pas nécessairement comme nous le désirons.

Pour l'amour de l'Évangile.

> Une personne raconte : « J'ai été opérée d'une tumeur évolutive et hémorragique au cerveau. Cela bloquait le nerf optique. On m'opère et, au réveil, je suis aveugle. Le chirurgien m'explique : dans ce cas, on pratique une seconde opération. Je demande un délai. Pendant ce temps, je prie pour être guérie et pouvoir annoncer l'Évangile dans le monde. Un ami vient prier avec moi pour demander à Dieu de me rendre la vue. Peu de temps après, je me retrouve complètement guérie. Les médecins en sont ébahis. Je n'ai pas eu besoin de seconde opération et cela dure depuis huit ans. »

« *Tout ce que vous demanderez,* croyez que vous l'obtiendrez » (Jean 14, 13).

> Une missionnaire en Égypte souffre avec violence d'une sciatique. Depuis trois mois, elle ne peut mettre un pied par terre, elle en pleure de douleur. Un groupe de prière se présente, il prie sur elle a 21 heures, le lendemain à 7 heures, elle est debout et reprend son travail complètement guérie.

Dieu nous vient toujours à l'aide, lorsqu'on l'implore, même si c'est à la dernière minute.

Pourtant, Dieu n'est pas un distributeur automatique. Pourquoi rester hypnotisé par la chose convoitée au lieu de nous laisser envahir par la certitude de sa tendresse. Dieu veut uniquement le bonheur de ses enfants. Alors sans chercher à l'obtenir à tout prix, laissons-nous convaincre de sa sagesse et de sa tendresse. Il a mille manières de répondre à nos appels.

« En vérité je vous le dis, si quelqu'un dit à cette montagne : soulève-toi et jette-toi dans la mer et s'il n'hésite pas dans son cœur mais croit que cela va lui arriver, cela lui sera accordé » (Mat. 21, 21).

N'y a-t-il pas dans les événements que nous vivons, des montagnes soulevées ?

Reçue à l'instant, une lettre confirme cette réalité. Oui, les montagnes se déplacent par la confiance.

> « Nous sommes à quatre dans la même cellule, les trois autres sont des incrédules et, pire encore, ils passent tout leur temps à maudire Dieu et la Vierge, m'écrit un détenu. Je n'en pouvais plus et j'ai décidé d'écrire au Directeur pour lui demander de changer de cellule. J'ai fait la lettre samedi soir. Le dimanche matin, je suis allé à la messe et, après, j'ai passé le dimanche à lire votre merveilleux livre « *Aimer, c'est urgent* ». Le soir, avant de dormir, j'étais si rempli de la lecture que j'ai pris la décision de ne pas envoyer la lettre au Directeur et d'essayer de changer l'ambiance de la cellule. Le lendemain, j'ai décidé de changer moi-même et, voilà, en une semaine les choses ont bougé, il y a une bonne ambiance. »

La confiance attend l'inattendu, elle est un saut dans l'inconnu. La confiance ne jaillit-elle pas de la certitude d'être aimé à la mesure sans mesure de la Tendresse de Dieu ? Plus on a confiance, plus on obtient.

Jésus précise : « Tout ce que vous demanderez en mon nom, je le ferai » (Jean 14, 13). Il ajoute : « Pour que le Père soit glorifié dans le Fils » (Jean 14, 13). Comme le Fils, recherchons-nous la volonté du Père ?

Notre prière jaillit-elle de la certitude que le Père veut pour nous ce qu'il y a de meilleur ? Il nous communique sa vie et sa volonté souveraine. Ne ressemblons-nous pas parfois à des enfants capricieux qui demandent à leur maman n'importe quoi, même si c'est mauvais pour eux ?

Que de fois j'entends : je demande à Dieu, il ne m'exauce jamais.

Nous faisons parfois de Dieu une sorte de magicien capable d'accomplir nos projets ; il supprimerait tout effort et tout sens à notre vie.

Avons-nous la certitude de nous adresser à la Tendresse ? Le petit enfant demande un couteau à son papa, celui-ci le lui donnera-t-il ?

Consultons-nous la bonté de Dieu dans nos supplications ? « Seigneur, que veux-tu réaliser dans telle difficulté ? Que dois-je vivre à partir de là ? »

Croyons une bonne fois que Dieu utilise tout pour notre bien et nous pourrons le remercier en toutes choses. Alors, nous serons comblés.

« Cherchez d'abord le Royaume de Dieu et sa justice, le reste vous sera donné par surcroît » (Mat. 6, 33).

Adorable Trinité, tu donnes la preuve suprême de ta puissance et de ta tendresse lorsque tu combles les petits, les pauvres, les pécheurs qui comptent absolument sur ta bonté. Nous venons vers toi avec nos fardeaux, nos soucis, nos épreuves, puisque Jésus nous le demande. « Venez à Moi. » Nous avons la certitude que ta Présence invisible nous vient en aide.

Apprends-nous, s'il te plaît, à déchiffrer ton action, ta miséricorde, à travers nos journées. Alors, tôt ou tard, nous découvrirons ta tendresse. Nous remettrons tout entre tes mains avec la certitude que ta Sagesse conduit tout. Finalement, nous discernerons ta force pour ceux qui espèrent en toi, ta bonté pour ceux qui t'implorent et l'exaucement de nos prières bien au-delà de nos désirs et de nos mérites

« Je sais en qui j'ai cru » (2 Tim. I, 12)

Avant de me mettre en prière, il est important de savoir à qui je m'adresse en qui je crois.

Jésus, sans te voir, j'ai la certitude de Ta Présence vivante, agissante.

> Certains Africains de mon groupe de prière ont le sens de Dieu Créateur, infiniment Bon. Je suis touchée par leur louange au début de leur prière. Dans leur langue, leur chant est saisissant. Les surveillants eux-mêmes, lorsqu'ils viennent à passer, en sont émerveillés.

Rien ne limite la générosité de Dieu ; mais, si nous fermons les volets à sa lumière, alors nous empêchons le soleil de nous réchauffer, de nous éclairer.

Va ! Ose la confiance, je vis en toi ! ne cesse-t-il de nous répéter. Va ! allons ensemble ici et là. Ose tout avec moi. « Si tu crois, tu verras la puissance de mon Cœur », dit-il à chacun. « Je suis avec vous tous les jours jusqu'à la fin du monde » (Mat. 28, 20). Cette promesse de Jésus est notre force. « Seigneur, dit le lépreux à Jésus, si tu le veux, tu peux me purifier » (Mat. 8, 2).

Tout est possible à celui qui croit », dit encore Jésus au père de ce jeune homme qui avait des convulsions depuis son enfance.

« Je crois, Seigneur, viens au secours de mon incrédulité » (Marc 9, 24).

Foi des pauvres.

Un jour, un détenu se lève pendant la prière. Il dit à un de ses camarades boiteux : « Au nom de Jésus, je te dis : laisse-là ta canne, lève-toi et marche. » Ce frère obéit et se met à tourner dans la salle. Revenu à sa place, il explique qu'une chaleur inexplicable avait envahi tout son corps. Huit jours après, je lui demande : – « Comment vas-tu ? » – « Je boite toujours mais je ne souffre plus », me répondit-il.

Le Père ouvre les écluses du Ciel à celui qui croit. Si notre péché nous sépare de Lui, jamais Lui ne s'éloigne de nous. Parier sur l'amour, c'est rendre tout possible. Nous ne pouvons ni guérir, ni calmer les flots, mais Dieu le peut et le veut par nous. La foi consiste à nous fier totalement à sa sagesse. Il soulève les montagnes comme bon lui semble. Nous n'avons pas à lui indiquer les moyens pour le faire, mais nous en remettre à sa Sagesse.

L'enfant ne comprend pas pourquoi sa mère le conduit à l'hôpital pour une opération, et pourtant n'est-ce pas pour son bien ?

Il peut arriver que nous ne soyons pas exaucés, tout simplement parce que Dieu ne veut pas agir à notre place. Par exemple, il nous demande de partager notre pain ou toute autre chose. Il a besoin de nous pour agir. Il veut se servir de nous, comme il s'est servi d'un enfant à la multiplication des pains ; comme il s'est servi des apôtres pour la pêche miraculeuse.

Remettez à Dieu tous vos soucis

« Ne vous inquiétez de rien, mais, en toutes choses, faites connaître à Dieu vos besoins (Phil. 4, 6).

Jette tes soucis dans le Seigneur.

Un détenu arrive très nerveux à la prière, il confie : « Je suis malade, ma femme est venue me voir, elle fait des crises nerveuses à cause de moi. Nous avons pleuré pendant une heure ! Voudriez-vous prier pour moi et pour elle, ainsi que pour ma petite fille de trois ans ? » – « Oui, bien sûr. Mais acceptes-tu, pendant une heure, de donner tes soucis au Seigneur, c'est-à-dire de ne plus les reprendre puisque tu les auras donnés. » Nous devions justement prier devant l'icône de la Création *(notre photo de couverture)* et la contempler. Mon ami se met en prière et peu à peu un recueillement profond le pénètre. À la fin de la prière, il dit : « Je ne sais pas pourquoi, mais je me sens complètement guéri. » La paix l'envahit et témoigne de la vérité de ses paroles. Tous remercient Dieu. Une fois de plus il a ouvert un chemin de lumière là où était l'obscurité. Le détenu me dit quelques jours plus tard : « Si j'étais resté dehors, je serais mort d'overdose et que seraient devenues ma femme et ma petite fille ? Dieu nous aime toujours, le monde n'ira pas tant que nous lui tournerons le dos. »

Laissons Dieu être Dieu pour nous.

À Cana, Marie expose simplement la situation à son Fils. « Ils n'ont plus de vin » (Jean 2, 3). Elle introduit la Présence au cœur de cette difficulté. Elle est certaine d'un résultat, peu lui importe de savoir quand ou comment Dieu le fera.

Seigneur, la solution de tel problème, je te la remets, avec la certitude que tu agiras pour mon bien. « Tes desseins ne sont pas les nôtres », mais ta Tendresse conduit tout.

« Ce que je fais, dit Jésus à Simon-Pierre, tu ne le comprends pas maintenant, tu comprendras plus tard » (Jean 13, 7).

La confiance est la certitude de la Promesse accomplie, mais toujours selon le projet de Dieu. Ce projet dépasse infiniment le nôtre. Il faut accepter enfin de lâcher prise et de nous en remettre sans condition à son Cœur. Sa miséricorde n'a pas de mesure, c'est pourquoi la folie de la confiance est suprême sagesse.

Quand le centurion supplie Jésus de guérir son serviteur, il dit : « Je ne suis pas digne que tu entres dans ma maison », mais, plein de confiance, il ajoute : « Cependant, dis seulement une parole et mon serviteur sera guéri » (Matt. 8, 8).

La confiance obtient d'innombrables grâces. La foi supprime nos questions et nos peurs. Il nous faut prendre l'habitude de louer Dieu avant même d'être exaucé, il faut croire d'avance dans le Christ déjà à l'œuvre et nous tourner obstinément vers Lui.

« Quand le Fils viendra, trouvera-t-il la foi sur la terre ? » (Luc 18, 8).

« L'œuvre de Dieu, c'est que vous croyez en celui qu'Il a envoyé » (Jean, 6, 29). Il est toute tendresse. Il se penche sur le pauvre pour le combler, alors n'ayons pas l'arrogance de lui faire des reproches.

Prières exaucées en dépit de moi-même

« J'avais demandé un compagnon afin de ne pas vivre seul ; il m'a donné un cœur, afin que je puisse aimer Tous mes frères.

J'avais demandé des choses qui puissent réjouir ma vie ; j'ai reçu la vie, afin que je puisse me réjouir de toutes choses... je n'ai rien eu de ce que j'avais demandé, mais j'ai reçu tout ce que j'avais espéré. »

(Extrait d'une prière tirée du missel dominical de l'assemblée Saint-André / Haute Combe / Clervaux.)

Prière favorite de sainte Madeleine Sophie Barat

« Cœur Sacré de Jésus, je cours et je viens à vous, parce que vous êtes mon unique refuge, ma seule mais certaine espérance. Vous êtes le remède à tous mes maux, le soulagement de toutes mes misères, la réparation de toutes mes fautes, le supplément à tout ce qui me manque, la certitude de toutes mes demandes, la source infaillible et intarissable pour moi, de lumière, de force, de constance, de paix et de bénédiction. Je suis sûre que vous ne vous lasserez pas de moi et que vous ne cesserez de m'aimer, de m'aider et de me protéger, parce que vous m'aimez d'un amour infini. Ayez donc pitié de moi, Seigneur, selon votre grande miséricorde et faites de moi, en moi et pour moi, tout ce que vous voudrez, car je m'abandonne à vous avec la pleine et entière confiance que vous ne m'abandonnerez jamais. »

Après tout ce qui vient d'être dit, il est pourtant un obstacle, une vraie barrière qui empêche Dieu de nous exaucer. C'est notre refus de pardonner.

« Pardonne-nous nos offenses comme nous pardonnons » (Mat. 6, 12).

Impossible de nous laisser traverser par la miséricorde pour guérir, apaiser, éclairer si, par notre agressivité, nos rancunes, nos vengeances, nos refus d'aimer et de pardonner, nous empêchons Dieu de passer.

« Va d'abord te réconcilier avec ton frère » (Mat. 5, 24).

« Aimez vos ennemis... » (Mat. 5, 44), ce commandement de Jésus n'a pas de restriction, il est formel ; mais, seul, le Cœur du Dieu de miséricorde peut nous en donner la force.

Saint Jean rappelle la condition à l'exaucement de toute prière : « Mes bien-aimés, tout ce que nous demandons à Dieu, il nous l'accorde, parce que nous sommes fidèles à ses commandements et que nous faisons ce qui lui plaît... Or, voici son commandement : avoir foi en son Fils Jésus-Christ et nous aimer les uns les autres comme Il nous l'a commandé... » (I Jean 3, 22)

Dieu met ses désirs dans notre cœur, il veut les accomplir

« Crois-tu que je puisse faire cela ? » (Mat. 9, 28).

Dieu met des désirs dans notre cœur, il les accomplit. Il nous presse de demander pour recevoir ce qui est conforme à son œuvre de salut. « Ouvre la bouche et je la remplirai » (Ps. 81, 11).

Désir de conversion.

Un jour, un détenu arrive à la prière rayonnant, les autres disent : on n'y comprend rien, il était déprimé, dépressif... Peux-tu dire ton secret ? lui demandai-je. C'est simple, répond-il, il y a deux mois, je vous avais demandé de prier pour moi, ce soir-là même, j'étais décidé à me supprimer. J'avais récolté tous les médicaments que je pouvais pour cela. Je ne dormais plus qu'une heure par nuit. Depuis ce jour, je dors comme un enfant et n'ai plus de haine pour personne. Je n'ai pas pu m'empêcher d'ajouter : cela se voit sur ton visage ; tu n'as plus de haine, tu es rempli de bienveillance.

La prière pour les autres

« Tout pouvoir m'a été donné au ciel et sur la terre » dit Jésus (Mat. 28, 18). Il est bon, lorsqu'une personne nous demande de prier pour elle, de commencer par ouvrir notre être à la Vie, la Lumière, la Puissance dont le Christ est inondé.

Prendre conscience de sa Présence en moi par quelques instants de silence. Sa lumière, sa force fortifie, son Esprit réchauffe, apaise et aime la personne, celle-ci attend d'être touchée par la grâce.

Tendre la main en acte ou en esprit vers le tabernacle ou vers notre cœur. Poser la main en esprit sur la personne pour laisser passer la puissance, la vie, la lumière, la force, reçues de la tendresse de Dieu pour elle.

Oui, « de sa plénitude, nous avons tout reçu et grâce pour grâce » (Jean 1, 16). En introduisant ainsi la Présence, celle-ci agira sûrement d'une façon ou d'une autre, pas toujours tangible mais certaine.

Nous pouvons prier ainsi pour toute personne même éloignée, ou au téléphone, si nous en ressentons l'appel.

Le contact avec le Christ est capital afin de tout attendre de lui, sinon « la supplication risque de devenir la gazette des faits divers », comme le fait remarquer le cardinal Lustiger.

Il est excellent de faire cette même démarche pour nos ennemis. Demander la bénédiction de Dieu et sa tendresse pour ceux qui nous font souffrir d'une façon ou d'une autre. Nous pouvons également intercéder ainsi pour l'Église, les nations, les gouvernements...

Les trésors du Christ Jésus sont infinis, il est impossible de les épuiser.

Plus notre confiance semble une folie, plus elle est sagesse. Dieu nous exauce toujours, même si nous ne percevons aucun signe.

Efficacité de la prière des autres.

Une jeune femme était dépressive depuis des années. Mais elle ne cessait de rendre grâce, malgré ses anxiétés.

Elle faisait même mon admiration car, sans retour sur sa souffrance intime, elle se donnait aux autres. Quinze jours après une intercession devant Jésus-Eucharistie, elle est complètement guérie. « Je ne suis plus la même, dit-elle, c'est merveilleux. » Quelques semaines après, elle avait retrouvé son sommeil sans avoir besoin de somnifères.

Prier avec l'audace de la Foi pour nous-même ou pour les autres, c'est de toute façon être exaucé, non à la manière dont nous concevions la demande, mais à la manière dont nous l'aurions désirée si nous voyions les choses comme Celui qui nous aime les voit.

Va ! Je me servirai de ta Faiblesse.

Prie pour le monde, je prie avec toi en toi. J'attends ton appel pour agir.

Pour obtenir davantage, redis-moi ta foi en ma tendresse, en ma puissance. C'est ta confiance qui me touche le plus. Pourquoi demandes-tu si peu ? Ne cherche pas à savoir où je te conduis, ni où je conduis tes frères. Jamais Je ne déçois celui qui se confie en Moi.

Uni à Moi, il n'est rien que tu ne puisses obtenir.

« Si vous demeurez en Moi et que mes Paroles demeurent en vous, demandez ce que vous voudrez et vous l'aurez » (Jean 15, 7).

CHAPITRE III

Le Père m'exauce toujours

« Tout ce que nous demandons au nom de Jésus, nous savons que nous le possédons déjà »

(I Jean 5, 14-15).

Au nom de Jésus, tout devient possible, parce que Dieu prend complètement en charge la demande du suppliant.

Nous immerger dans la Lumière du Christ Jésus, Lumière qu'il reçoit en plénitude le jour de son baptême : « J'ai vu l'Esprit tel une colombe descendre du Ciel et demeurer sur Lui » (Jean I, 33). En Jésus, Lumière du monde, nous avons la certitude d'être exaucés, sinon nous trébuchons.

Prier au nom de Jésus, c'est le laisser prendre en charge notre demande. Les disciples devant le tombeau de Lazare regardent ce que va faire Jésus. « Père, je te rends grâce de m'avoir exaucé... » (Jean 11, 41-42).

Regarder Dieu nous exaucer, nous fier absolument à Lui. N'est-il pas Miséricorde et Sagesse infinies.

Demander au nom de Jésus, c'est demander au nom de la tendresse toute-puissante de Dieu révélée en Jésus. C'est nous adresser à un Père sur lequel nous pouvons tout miser. Nous ne prétendons pas dicter à Dieu la réponse.

Nous laissons à Jésus la responsabilité de la demande parce qu'il fait sienne notre prière. En vérité, il la fait à notre place, lui, le Fils Bien-aimé du Père, en qui le Père met tout son amour.

Prier, c'est prendre conscience de cette prière incessante en nos cœurs ; c'est prendre conscience des gémissements de l'Esprit qui ne cesse de dire : Abba ! Père !

Jésus tu vois le Père, tu l'adores, tu lui dis des choses ineffables. Ces choses ineffables que tu lui dis, je veux les lui dire, je te demande de les lui dire, pour moi.

Alors comment ne serions-nous pas comblés au-delà de toute attente par le Fils, qui a accès auprès du Père, lui, le bien-aimé.

« Le Père aime le Fils, il a tout remis en sa main » (Jean 3, 35).

Et nous pouvons tenir pour certaine la promesse de Jésus. « Tout ce que vous demanderez en mon nom, je le ferai, de sorte que le Père soit glorifié dans le Fils » (Jean 14, 13).

Dans l'expression « prier au nom de Jésus ? quelle puissance de certitude. Jésus ne dit-il pas : « Père, je te rends grâce de m'avoir exaucé. Je savais bien que tu m'exauces toujours » (Jean 11, 41-42).

Sans nous laisser tenter par les raisonnements, nous connaissons la tendresse du Père. Dieu ne peut faillir à ses promesses, il veut nous combler à la mesure de notre foi. Prononcer le Nom de Jésus avec confiance a la vertu de guérir, « c'est le remède du pauvre ». « Son Nom est un sachet de myrrhe » (Cantique des Cantiques).

Le Nom de Jésus peut être prononcé sur chacune de nos blessures et de nos maladies. Il peut l'être aussi sur notre mémoire, notre intelligence, notre volonté, chacune de nos facultés, de nos sens. Sa Présence illumine notre être. Son action est transformante.

Et si nous nous mettions à ajouter à son Nom le nom des autres. Si nous le prononcions avec foi et tendresse avec les déprimés, les malades, les fatigués, les angoissés de toutes sortes !

Même dans le métro.

> Un ami me confie comment l'Esprit Saint fait évoluer son regard sur les voyageurs du métro.
>
> De la simple vue humaine, il a progressivement pris conscience de la valeur unique de chaque personne créée à l'image de Dieu, enfant du Père, follement aimé. Toutes les barrières tombent alors et c'est l'action de grâces, la louange, la prière d'intercession pour chacun qui monte de son cœur.
>
> Un jour, une voix intérieure lui suggère de tracer invisiblement et posément un signe de croix sur le front de ceux que son regard découvre, en invoquant le Père, le Fils et l'Esprit Saint. Cette voix lui fait comprendre que ce signe ouvre dans chaque cœur une brèche où l'Amour peut pénétrer et jaillir.

Une prière prend alors naissance, il la redit chaque fois qu'il se trouve dans le métro et aussi dans un lieu public, une réunion de travail, une rencontre familiale, etc.

« Ô Jésus, par le sang de ta croix, par ta prière au Père Bien-Aimé, que chacun d'entre nous ici soit sauvé et que nous portions beaucoup de fruits d'amour et de paix, par Marie, avec toute la puissance du Saint Esprit, pour la gloire du Père. Amen ! »

Répéter lentement, longuement ce Nom ou tout autre de notre goût, par exemple : Abba, Père Bien-Aimé, mon Sauveur ; cela s'appelle la prière du cœur. Nous reposer dans ce Nom, il agira avec force. Ainsi aucun Chrétien n'a le droit de se croire inutile. Par la puissance du Nom de Jésus, il peut toucher les cœurs les plus endurcis. Si, tous, nous étions convaincus de cette Promesse : « Tout ce que vous demanderez en mon nom vous sera accordé », le monde ne deviendrait-il pas meilleur ?

Invoquer ce Nom, Jésus, Tendresse du Père, par exemple, respirer son souffle, pour ainsi dire, c'est insérer le sceau de Dieu sur ce qui existe. L'invoquer pour ceux qui nous viennent à la mémoire, tous ceux que nous côtoyons, que nous voyons à la télévision, ceux que nous remettons à sa miséricorde, tous les hommes du monde entier enfin ; alors Jésus, qui reçoit du Père l'Esprit Saint sans mesure, le dépose dans nos cœurs. Il se sert de nous comme instruments de sa puissance pour continuer son œuvre et transfigurer l'univers. Nous devenons les « bulldozers » de l'Église, pression de Guy Gilbert. Mission à la portée de tous, y compris à la portée des grands malades, des personnes âgées...

Si tu savais ce que tu déclenches en rejoignant ma prière en toi !

Les apôtres apprennent de Jésus à dire le « Notre Père » en son Nom (Luc 11, 2).

Et Jésus continua : « Demandez et vous recevrez, si vous qui êtes mauvais, vous savez donner de bonnes choses à vos enfants, combien plus votre Père céleste donnera-t-il l'Esprit-Saint à ceux qui l'en prient » (Luc 11, 13).

Cette certitude, base de tous les renouveaux est plus efficace que toutes les actions, elle est Puissance au-delà de toutes puissances.

Appuie-toi sur cette Parole, demande sans hésiter en son Nom, l'effusion de l'Esprit pour toi comme pour les autres.

– Ose laisser la Bonté et la Bienveillance au Père t'immerger.

– Ose laisser la Force de l'Esprit se déployer en ta Faiblesse et faire ce qui te semble impossible.

Redis en mon Nom : « Père, que l'Amour dont tu m'aimes soit en eux et Moi aussi en eux » (Jean 17, 26).

Père plein de tendresse et de bonté, « j'ai l'assurance de posséder déjà ce que j'implore de toi, au nom de Jésus, Toi qui combles ceux qui te prient, infiniment au-delà de ce qui est possible d'imaginer, au-delà de leurs mérites, de leurs désirs et en accordant plus que nous n'osons demander » (Ep. 4-20).

Que ma vie se passe à te rendre grâces et à te louer par le nom de ton Fils Jésus.

CHAPITRE IV

Ton pardon te recrée

« La Miséricorde est la seule Force victorieuse du mal. Perds ta justice, laisse place à ma Tendresse, ma Miséricorde »

« Va d'abord te réconcilier »

(Mat. 5, 24).

RÉCONCILIATION dans un collège en Égypte.

Dans une classe de 4e, un professeur musulman, respecté par tous, fait trois avertissements successifs à une élève. La troisième fois, le professeur lui dit : « Prends tes livres et sors. » – « Je reste, riposte l'élève, mon père a payé mes classes ! » Outré, le professeur administre trois paires de claques et traîne l'adolescente avec sa chaise hors de la classe.

La Direction, avertie, téléphone aux parents. Le cas est grave. Le père, un Chrétien, reproche à sa fille ses torts. Les professeurs et le père décident qu'elle sera exclue de l'établissement. Le père exige que sa fille fasse des excuses publiques et il la conduit lui-même dans sa classe.

Elle arrive sans uniforme pour marquer l'exclusion. Tous voient avec stupéfaction le professeur se lever à son tour, il dit : « Moi aussi, je te demande pardon, je n'aurais pas dû agir de la sorte. » Les élèves pleurent d'émotion. La Direction décide alors de reprendre l'élève.

Au sortir du cours, les professeurs, au courant de la situation, sont anxieux. Apprenant le pardon ainsi demandé, tous les professeurs chrétiens et musulmans félicitent leur collègue. Cette histoire a favorisé l'union entre tous.

Solidaire du péché des autres

Combien il est difficile de pardonner si je ne me sens pas moi-même solidaire de mes frères pécheurs et du mal dont je suis complice.

Le Père Bro reprend avec vigueur une parole du Père Chevignard qui disait à ses novices : « Si vous ne savez pas que vous êtes capables de faire autant que les bourreaux, vous n'avez rien compris. Si vous n'avez pas compris que vous êtes tous capables d'être des monstres, vous n'avez rien compris. »

Nous avons tous à être sauvés.

Comprendre cela est un grand pas, me semble-t-il, dans la confiance en Jésus Sauveur. « Le Fils de l'Homme est venu chercher et sauver ce qui était perdu » (Luc 19, 10).

Pour moi, la grâce de visiteuse de prison a été de me découvrir pécheur en vérité. Je le savais dans la tête, je l'expérimente dans mon être. Ils ont volé, tué, mes frères prisonniers ; j'ai péché sous d'autres formes, plus cachées, plus subtiles, mais non moins évidentes, ayant tellement reçu depuis mon enfance.

Et si j'avais les mêmes occasions que ne ferais-je pas moi aussi !

Tous pécheurs ! Oh combien !

Obéir à l'Esprit, accepter notre caractère, nos limites, le poids que nous faisons peser sur ceux qui nous entourent, accueillir le plan de Dieu sur nous, nous accepter nous-mêmes, consentir aux choses dont on n'a pas envie, au réel qui se présente et aux autres tels qu'ils sont. Suivre le Christ sur le chemin des croix qui barrent notre route et paraissent inacceptables. Laisser faire Dieu, tout lui remettre entre les mains.

Aimer qui que ce soit, pardonner à tous, de tout son cœur... encaisser sans répondre.

Tout cela n'est pas évident ! Renoncer à notre moi égoïste est difficile, il s'agit plus de laisser Jésus-Christ vivre sa miséricorde et demeurer en nous, sans nous préoccuper de nous-mêmes. C'est cela, semble-t-il, perdre sa vie et prendre sa croix pour suivre le Christ.

« Celui qui perd sa vie la gagne », « Celui qui veut me suivre, qu'il prenne sa croix chaque jour » (Mat. 16, 24-25). Rappelle-nous, Jésus, que tu as donné par ta mort la Vie au monde ; en nous, tu veux continuer à sauver les hommes par les petites morts à nous-mêmes.

Garde-nous en contact avec la Source d'Eau vive en nous, pour nous recevoir sans cesse comme tu te reçois du Père, disponible sous la mouvance de ton Esprit de lumière et de force.

Demeurer dans notre pauvreté, c'est entrer en contact avec l'Esprit Saint, c'est le chemin pour devenir miracle le la Miséricorde. Ne pas se considérer pécheur, n'est-ce pas déjà pécher ?

À la femme adultère, accusée par les Pharisiens, Jésus dit : « Que celui qui est sans péché lui jette la première pierre » (Jean 8, 7). Nous savons que tous se sont retirés, à commencer par les plus vieux.

Retour à l'Évangile.

> « On m'a volé 2 paires de chaussures. » Première réaction : colère. Seconde : retour à l'Évangile : « Bienheureux les artisans de paix... Priez pour vos ennemis, pour ceux qui vous persécutent... » Je prends un long temps de silence en présence de Dieu pour me calmer. Je me dis : Tu as fait bien plus de mal dans ta vie et le jour de ton baptême (à l'âge adulte), le Christ t'a tout pardonné. Il faut que tu lui pardonnes avec la grâce et la force de l'Esprit Saint. D'ailleurs, ils ne peuvent m'ôter ma foi. » La paix accompagne aussitôt l'acceptation.
>
> (témoignage reçu)

Il est bon de nous présenter à Dieu dans la prière solidaire du péché de tous et de crier : « Au secours, Jésus, s'il te plaît, j'ai besoin de la gratuité de ta miséricorde, je n'ai rien à t'offrir en retour de ta bonté. Je suis seulement l'objet de ta pure miséricorde. »

Un Libanais détenu s'exprime :

« Misérable homme que je suis. Le Seigneur m'oblige à regarder vers lui. Et cette cellule m'apprend la dépendance. J'avais fait mon programme, mon carnet était rempli de rendez-vous, il a bien fallu les annuler et me demander : "Avais-tu demandé l'avis du Seigneur avant de faire tes projets ?" Moi, un homme actif, toujours pressé, me voilà pris au piège. Cette cellule me découvre que ce n'est pas une prison, mais plutôt un lieu de rencontre avec soi-même, avec ce malade qui a péché (mensonge, drogue, orgueil...). Rencontre avec un monde que j'ignorais, dont j'apprends à connaître le dévouement, la gentillesse et le plus souvent la méchanceté. Enfin, et surtout, rencontre avec le Maître lui-même.

Jamais je n'ai eu autant de temps pour lire la Bible, prier, méditer. Merci, Seigneur, pour cette confiance, cette expérience. »

Oui, nous sommes des monstres en puissance et aussi des saints en puissance, si nous nous prêtons au miracle de tendresse et de la miséricorde de notre Dieu.

Dieu appelle les pécheurs

« Je ne suis pas venu appeler les justes, mais les pécheurs pour qu'ils se convertissent » (Luc 5, 32).

Remède contre la culpabilité.

Une vieille dame ne cesse de penser au bien qu'elle aurait pu faire à son neveu décédé. Elle se culpabilise indéfiniment, fait de la dépression. Je prie pour elle et cherche comment l'apaiser. Il me vient l'idée d'abonder dans son sens – oui, vous êtes pécheur, lui dis-je, je le suis, nous le sommes tous. Heureusement que nous en prenons conscience ; en effet, le Seigneur est venu pour les pécheurs. Si vous pensez que vous ne l'êtes pas, il ne serait pas venu pour vous. Cette parole l'apaise et l'aide maintenant à tout remettre à la miséricorde de Dieu.

Le psalmiste dit : « Jetez tous vos soucis dans le Seigneur et lui-même en prendra soin » (Ps. 55, 23). Mon souci : « Je n'arrive pas à pardonner à telle personne, à la regarder comme tu la regardes. Fais que je l'aime comme tu l'aimes. Que ta tendresse se répande sur elle à travers moi. Pour cela, Jésus, je te supplie de déverser ta bonté sur moi pour qu'elle puisse déborder. »

Il est important de demander à l'Esprit Saint la grâce de reconnaître nos torts, de prendre la décision de pardonner à tel ou tel. Alors la miséricorde de Dieu agira, manifestera sa puissance et nous serons exaucés.

J'ai eu tort.

Deux conjoints ne s'entendent plus au bout de quelques années de mariage. Cela ne peut plus durer, se disent-ils, il faut que nous nous séparions. Le mari un soir, quitte le foyer et va se réfugier dans une cellule prêtée par l'abbé Pierre. Il s'installe à une table avec un papier et un crayon. Il commence alors la liste de tous ses torts. J'ai eu tort en faisant ceci, j'ai eu tort en disant cela... Il se souvient de tant de choses que la feuille est largement remplie. Le matin, on sonne à la porte : « Puis-je voir mon mari ? », demande sa femme Elle venait vers son époux avec une feuille identique. Nous nous imaginons facilement comment la reconnaissance des torts mutuels, peut amener le pardon mutuel. Dans la joie, chacun s'est ainsi retrouvé pour une nouvelle vie qui dure actuellement depuis des dizaines d'années ; ils prient ensemble et répondent à l'appel de se mettre au service de leurs frères les plus démunis.

Demander la force d'aimer

Parfois le mal reçu est grand, demander alors la grâce du désir de pardonner semble la seule possibilité.

> Une personne avait beaucoup souffert de la part d'autrui. Elle demande seulement le désir de pardonner. Immédiatement elle ressent une profonde paix.

Quelqu'un nous fait du tort, reconnaissons notre pauvreté ; demandons à l'Esprit le regard de Jésus sur lui et le regard de Jésus en lui sur nous.

Demander pardon de notre côté à ceux que nous avons fait souffrir, que nous avons blessé est important. Du reste, les torts sont rarement du même côté. « Va d'abord te réconcilier avec ton frère » (Mat. 5, 23-24).

Nous verrons que refuser de pardonner peut également empêcher que nos prières soient exaucées.

Dans ma vie, demander pardon et pardonner sont deux choses essentielles sans lesquelles il ne m'est guère possible ni de vivre dans l'amour, ni de vraiment prier pour aider les autres.

Cette nécessité de pardonner et d'être pardonné s'étend à nos relations avec Dieu car certains ressentiments nous bloquent face à sa tendresse.

Comment nous y prendre devant les difficultés que nous rencontrons tous plus ou moins ?

Réponses d'un Chrétien.

> « Un travailleur me commande comme s'il était le patron, je suis très humilié. J'ai beaucoup prié : « Viens

Esprit Saint, viens, Esprit d'amour et de force ; et j'ai dit à Jésus : « Comble-le de tes bénédictions. » En esprit, j'ai regardé Jésus pendant sa Passion, il a été traité comme le dernier des hommes ; jamais je ne serai traité comme lui. Alors, j'ai retrouvé la paix, j'ai demandé au Seigneur de souffrir comme lui et pour lui. »

« Une autre fois, me dit-il, un camarade est viré du foyer et emporte l'icône que vous m'aviez offerte pour mon baptême, la Vierge de tendresse. Cela ne fait rien ; le Seigneur fait des merveilles car ce frère n'a pas emporté des objets importants, mais la Sainte Vierge, qui lui fera sûrement du bien. »

Il la récupérera quelques semaines plus tard.

De *petits moyens* peuvent également nous aider à pardonner dans les difficultés.

– *Demander humblement la prière de quelqu'un*, par exemple à SOS prière ou dans un groupe. Alors, nous avons la certitude d'être exaucés. Comment Dieu ne répondrait-il pas à une prière qui est conforme à sa volonté.

Un détenu avoue devant tous :

« J'ai de la vengeance dans le cœur, je n'arrive pas à en sortir, voudriez-vous prier pour moi ? » Nous nous exécutons avec joie, bien sûr. Quinze jours après, il proclame les merveilles de Dieu : « J'ai écrit à mon ennemi, il m'a répondu et nous nous sommes réconciliés. Je suis libéré de ma servitude. »

– *Prier pour la personne qui nous a fait souffrir :* Père, au nom de Jésus, tu ne peux me refuser la grâce de pardonner. Entendre Jésus dans notre cœur dire à l'autre : « Tu as du prix à mes yeux et moi je t'aime » (Isaïe 43, 4), le redire jusqu'à ce que la paix revienne.

Cela peut se vivre dans les détails de nos vies à partir d'un agacement, d'un reproche mal compris dans l'immédiat. Je dois me demander : pourquoi ce conflit ? Quelle part ai-je dans cette affaire ? Quelle vérité dois-je accueillir ?

Jésus mets à l'œuvre en moi la puissance de ton amour pour le déverser sur l'autre.

Dans les difficultés de ce genre, Thérèse de Lisieux allait jusqu'à dire : « Quand vous êtes tentés contre quelqu'un jusqu'à la colère, le moyen de retrouver la paix est de demander à Dieu de récompenser cette personne de vous faire souffrir. » Ne nous acharnons pas à démontrer ses torts au prochain, même s'ils sont réels. Soyons seulement des anges de paix. Mais, surtout, surtout, ne nous faisons jamais l'accusateur de nos frères. « L'accusateur de nos frères, c'est Satan » (Apoc. 12, 10).

À ce propos, en février 84, le Seigneur m'a visitée, voici comment :

> Pendant la semaine, l'épître de saint Jacques a été lue à la messe. Il est question, dans cette épître, des nombreuses fautes commises par la langue, « nous serons même jugés sur nos paroles inutiles ». J'entrevois les innombrables fautes de ma vie dues à mes paroles ! Je décide de refuser farouchement tout bavardage médisant et tout jugement sévère dans les pensées. Après le sacrement du pardon, reçu spécialement pour cela j'ai demandé au prêtre de bien vouloir prier pour m'aider. Dans l'oraison qui a suivi, une paix m'a littéralement

envahie, jamais éprouvée jusqu'à ce jour. N'était-ce pas une confirmation de la volonté du Seigneur sur moi ?

Par notre refus du pardon, nous ajoutons d'autres chaînes. Notre pardon, au contraire, devient libération. Le pardon recrée la communion, il fait revivre l'offenseur lorsqu'il avoue sa faute et appelle une réponse de l'offensé.

Chacun prend les moyens voulus pour répondre au commandement du Christ, mais je puis vous affirmer, par expérience, qu'aucune vie spirituelle profonde n'est possible si l'on garde quelque chose contre quelqu'un et si l'on ne veut pas pardonner quoi que ce soit, à qui que ce soit et soixante-dix fois sept fois – ce qui veut dire toujours, et de tout cœur.

« Jésus, fais de nous des témoins de ton pardon, à l'image de Ta miséricorde. »

Jésus caché au cœur de toutes personnes, de celle qui m'a blessé, je t'aime. Jésus vient aimer cette personne à travers moi.

Et dans les souffrances révoltantes ?

Il y a pourtant des situations horribles, certaines personnes sont en face de souffrances absurdes (accident, meurtre, viol, etc.). Ces meurtrissures les atteignent sans aucune responsabilité de leur part.

Comment ne pas se révolter ? Non, je ne pardonnerai pas, je ne ferai pas miséricorde... Et la souffrance est ainsi décuplée par le refus d'aimer. Mais qui se permettrait de juger en de telles circonstances ?

Que l'Esprit Saint suggère lui-même comment s'y prendre en des cas aussi graves. Que l'Esprit de Jésus crucifié, pardonnant à ses bourreaux, accorde la force d'un pardon héroïque. C'est en effet à l'héroïsme que ces meurtris sont appelés.

> « En 1947, dans une église de Munich, j'ai aperçu mon ennemi. J'étais venue de Hollande apporter le message du pardon de Dieu à cette Allemagne humiliée par la défaite. C'est de cette vérité dont on avait le plus besoin dans ce pays ravagé par les bombes, abreuvé d'amertume.
> Je disais : "Quand nous confessons nos fautes, Dieu les lance au plus profond de l'océan et les fait disparaître pour toujours."
> Les gens m'écoutaient le visage grave... osant a peine y croire.
> Puis tout me revint en un clin d'œil : l'immense salle... la honte de passer nue devant cet homme. À deux pas de moi, la silhouette frêle de ma sœur, les côtes saillantes sous la peau parcheminée. Je pensais : "Oh Betsie ! Comme tu es maigre !"
> C'était à Ravensbruck, et l'homme qui s'approchait de moi était un des gardiens les plus cruels.
> Et, à présent, il se tenait devant moi, la main tendue :
> – Mademoiselle, qu'il est bon de savoir que nos péchés sont au fond de la mer !
> Et moi qui avais parlé du pardon avec tant d'aisance j'étais là, fouillant dans mon portefeuille au lieu de lui serrer la main. Il ne pouvait pas se souvenir de moi. Je n'étais qu'une détenue parmi des milliers d'autres ! Mais, moi, je me souvenais de lui et de la cravache qui pendait à son ceinturon. J'avais un de mes tortionnaires en face de moi et mon sang se glaça.

– Dans votre causerie, vous avez fait allusion à Ravensbruck, dit-il. J'étais un des gardiens de ce camp. Non, il ne m'avait pas reconnue.

– Depuis, je suis devenu chrétien. Je sais que Dieu m'a pardonné les atrocités que j'y ai commises. Mais je voudrais l'entendre de votre bouche. Mademoiselle, et il me tendit à nouveau la main, me pardonnez-vous ? Et j'étais là, moi qui avais dû si souvent implorer le pardon pour mes fautes et j'étais incapable de le faire. Betsie était morte là-bas. Pouvait-il effacer sa lente agonie simplement en me demandant pardon ?

Ce n'était que depuis quelques secondes qu'il se tenait devant moi, la main tendue. Mais elles me paraissaient des heures, tellement la lutte était âpre pour faire le geste le plus pénible de ma vie.

Je savais qu'il fallait le faire. “Si vous ne pardonnez pas aux hommes, a dit Jésus, votre Père céleste ne vous pardonnera pas non plus vos offenses.”

Ce n'était pas seulement une consigne que Dieu me donnait, mais une expérience que je faisais quotidiennement. Après la guerre, j'ai ouvert en Hollande un foyer d'accueil pour les victimes du nazisme. Ceux qui ont pu pardonner à leurs anciens ennemis ont repris leur place dans le monde et ont recommencé une vie normale, quelles qu'aient été les séquelles des mauvais traitements qu'ils ont subis. Ceux qui ont nourri des rancunes sont devenus bien vite des invalides. C'était aussi simple – et aussi terrible – que cela.

Je me tenais toujours là, face à cet homme, incapable de me réchauffer le cœur. Mais le pardon n'est pas affaire de sentiments. C'est un acte de volonté. “Jésus, viens à mon aide !” priais-je en silence. Je peux faire le geste, mais à toi de me donner l'amour.

C'est ainsi que, comme une automate, je serrai la main tendue vers moi. Alors se produisit une chose incroyable. Un courant me passa de l'épaule au bras, et du bras dans nos mains jointes. Il réchauffa tout mon être et me fit venir les larmes aux yeux.
– Frère, je vous pardonne, m'écriai-je, je vous pardonne de tout mon cœur !
Longtemps nos mains restèrent nouées, celle de l'ancien gardien et celle de l'ancienne détenue. Je n'ai jamais connu l'amour de Dieu d'une façon si intense que ce jour-là. Mais je savais que ce n'était pas mon amour à moi. J'avais essayé – et j'avais échoué. Mais ce que je n'ai pas pu faire, le Saint Esprit l'a fait en moi : “L'amour est répandu dans vos cœurs par l'Esprit Saint qui vous a été donné” (Rom. 5, 5).
Chaque fois que je dis que je ne peux pas faire telle ou telle chose, le Seigneur me répond : « Je sais que tu n'en es pas capable. Mais je suis content qu'à présent tu le saches aussi, car maintenant tu vas pouvoir me laisser faire. »

Corrie Ten Boom *(Faim-Jeûne-Partage*, décembre 1991) [1].

Le pardon, l'amour des ennemis est la clé de l'intimité avec le Christ.

1. Des thérapies spéciales sont parfois nécessaires pour guérir des blessures trop profondes. La maison de Lazare, par exemple au vingt-sept, avenue du Général-de-Gaulle, 92170 Vanves, est animée par des Chrétiens. Elle accueille et apporte son aide à des personnes blessées par la vie.

CHAPITRE V

Le sacrement de la miséricorde

« Là où le péché abonde, la grâce surabonde »

(Rom. 5-20).

« VOUS puiserez avec joie aux sources du Salut » (Isaïe 12, 3).

Le Dieu de tendresse ne se lasse pas de nous offrir son pardon, il nous invite à nous en remettre à sa seule bonté.

Le coup de lance se renouvelle. Le Cœur du Christ blessé par nos refus d'aimer, s'ouvre à nouveau pour déverser le sang de la Rédemption, nous infuser sa Vie en surabondance.

Ce sacrement nous recrée.

Un soir, un ancien détenu me téléphone : « Je suis malade, à l'hôpital, le docteur ne sait pas ce que j'ai. » Trois jours après, nouvel appel téléphonique : « Je suis allé à la messe dimanche. L'Évangile racontait la guérison de la belle-mère de Simon, guérie de la fièvre par Jésus. » Il ajoute : « Ma fièvre, c'est mon péché. Alors j'ai reçu le sacrement du Pardon et je repars complètement guéri. »

Un autre soir, je reçois un appel téléphonique de quelqu'un qui me tient à cœur. Le téléphone est près de la télévision, si bien que le bruit de celle-ci m'empêche d'entendre. J'espère qu'on va baisser le son. Et non ! En raccrochant, je me mets en colère et des paroles blessantes sortent de ma bouche. Je n'arrive pas à vivre la parole de l'Évangile : « Allez vous réconcilier. » Que faire ? Je n'en dors pas, me tourne, retourne dans mon lit, essaie de prier, de lire, j'en suis malade moi aussi.
Seule solution : recevoir le pardon du Christ. En effet, je dois aller à la prison et il m'est impossible de rencontrer mes frères prisonniers dans cette situation.
Au retour de l'église, le Seigneur me donne d'embrasser de tout cœur la personne en question. Libérée moi-même, je peux alors partir à la rencontre de mes frères. J'ai rendu grâces à Dieu. Après coup, je constate que le Seigneur tire toujours le bien du mal lorsqu'on se confie à lui.

Forte de ces deux expériences, je voudrais faire partager l'Évangile de la guérison de la belle-mère de Simon. Après l'avoir lu à mes frères, l'Esprit Saint m'inspire de dire : « Il y a des fautes, rancune, colère, vengeance, jalousie, qui rendent malade. »
L'un des détenus du groupe lève la main : « C'est vrai, je suis malade car la nuit je ne dors pas, je songe comment "balancer" mon beau-frère à la sortie. J'ai de la haine envers lui. »
Un autre : « Puis-je donner mon petit témoignage ?

Moi aussi, j'avais de la haine contre mon beau-frère jusqu'au jour où j'ai décidé de pardonner. Mais comment ? Pour moi, c'était impossible. J'ai relu dans l'Évangile : "Certains démons ne se chassent que par le jeûne et la prière. » Alors, j'ai jeûné 9 jours sans rien prendre, même pas d'eau, de minuit à 18 heures. J'ai prié de tout mon cœur et reçu le sacrement du Pardon. Depuis, je suis complètement libéré intérieurement. De plus, mon beau-frère, touché lui aussi par la grâce, m'a écrit. Nous nous sommes réconciliés. »
Nous étions en action de grâce et avons prié pour le frère qui n'arrivait pas à pardonner. La semaine suivante, il avait retrouvé la paix lui aussi.
Le Cœur de Dieu est une source intarissable pour ceux qui attendent tout de Lui dans une confiance sans borne. Sur la croix, en regardant Jésus, la folie de la confiance du bon larron était suprême sagesse. Il a cru que Dieu pouvait tout pour lui. Jésus ne peut décevoir une telle foi et le canonise de son vivant.
« Aujourd'hui même, tu seras avec moi dans le paradis » (Luc 23, 43).

Notre péché ne doit jamais nous écraser

« Si vos péchés sont comme l'écarlate, ils deviendront comme la neige » (Isaïe 1, 18).

« Reviens à Moi, car je t'ai racheté » (Isaïe 44, 22).

Notre foi provoque toujours Jésus à laisser passer l'effusion de ses grâces. Nous le constatons dans tout l'Évangile : « Va, ta foi t'a sauvé », ne cesse de dire Jésus à celui qu'il guérit.

Ne nous laissons jamais écraser par notre péché, il est englouti par la Miséricorde. Il faut nous en souvenir seulement pour aimer davantage. Recourir au sacrement du Pardon avec une foi sans limite, quelles que soient nos fautes, c'est être comblé par Celui qui nous appelle : Si tu es un abîme de péchés, je suis un abîme de miséricorde. « Tu jettes toutes nos fautes au fond de la mer » (Michée 7-18).

Reconnaître ses fautes, les exposer, découvrir ses plaies, c'est permettre à Jésus d'exercer sa puissance de guérison. Dans le Cœur de Jésus se trouve toute la force de résurrection pour le pécheur qui reconnaît son péché avec la confiance invincible que Jésus-Christ est venu pour lui. Celui qui ne pressent pas jusqu'à quel point il est pécheur ne peut rencontrer Jésus, venu pour les malades.

Mes refus d'amour, de pardon, de confiance aussi, sont à remettre à la tendresse de Dieu car ils le blessent particulièrement.

Je ne fais rien de mal.

Une personne malade et souffrant beaucoup me confie : « Je voudrais me confesser, mais je ne sais pas quoi dire, je ne fais rien de mal. » J'essaie de la préparer à recevoir la visite de Jésus dans ce sacrement du Pardon. Il me vient à l'esprit d'ouvrir l'Évangile, je lis : « Priez pour ceux qui vous persécutent, pardonnez, faites du bien à ceux qui vous font du mal... » À l'instant même, j'entends un cri : « Oh ! ça alors, jamais, on m'a fait trop de mal. » C'était vrai, du reste. Mais peu à peu, dans la prière, la paix revient. Le sacrement la renouvelle. Elle découvre son péché qu'elle ignorait et cette lumière comme une grâce.

Un prêtre conseille aux pénitents de demander au confesseur de prier pour recevoir la force de quitter les péchés accusés.

Jésus, pour ainsi dire, a besoin du repentir des pécheurs pour exercer sa mission de salut. « Tournez-vous vers moi pour être sauvés » (Isaïe 45, 22).

Osons lui donner la joie de nous combler ainsi. Découvrir la Tendresse et la Miséricorde, c'est nous réconcilier avec notre fragilité et nos limites.

J'ai fait tant de mal.

Un jour, lors d'une réunion en prison, un détenu dit : « J'ai un lourd fardeau sur le cœur, pouvez-vous prier pour moi. J'avais la foi, mais j'ai fait tellement de mal dans ma vie que je ne peux plus croire que Dieu m'aime, je ne peux plus croire qu'il puisse me pardonner. »

Pour moi, religieuse, quelle occasion de parler de la tendresse de Dieu, de sa miséricorde pour le pécheur qui se convertit et retourne vers Lui. Le détenu est bouleversé par cette tendresse gratuite, venue pour ceux qui se reconnaissent pécheurs.

Il déclare : « Avant de quitter la salle, aujourd'hui même, j'écris à l'aumônier de la prison de la Santé pour recevoir le sacrement du Pardon. » Son exemple est contagieux, six autres prisonniers prennent cette même décision.

L'icône de la couverture de ce livre donne une merveilleuse idée de ce que peut être notre Dieu. Le pécheur revient vers son Père, il est comblé.

Il est bon, après une lourde journée, de nous exposer à la Tendresse avec nos fautes, nos blessures et celles provoquées aux autres, pour qu'Elle les guérisse, n'est-ce pas en même temps une excellente préparation à recevoir le sacrement du Pardon ? Si, chaque soir, nous faisions la relecture devant Dieu de notre journée, sans doute serait-il plus facile de nous approcher du sacrement. Nous découvririons aussi les bienfaits du Seigneur dans nos vies pour vivre dans la louange et l'action de grâces.

Même nos fautes, Dieu les utilise pour notre bien

Décidons de ne jamais rester avec un sentiment de médiocrité, un refus d'aimer sous toutes ses formes ; allons au Dieu de tendresse dans le sacrement du pardon et soyons dans l'action de grâces à cause de la guérison toujours reçue à la mesure de notre désir de sincérité et de conversion.

Soyons même assurés que, dans ces conditions, Dieu utilisera tout pour notre bien, même nos fautes, à la mesure illimitée de son pardon. Il ne demande que notre pauvreté pour nous enrichir de ses dons, car il prend plaisir à faire grâce.

À ce propos, les exemples des saints abondent.

Pierre renie son Maître. C'est le regard de Jésus sur le flagrant délit de trahison de son apôtre qui lui fait prendre conscience de son ingratitude vis-à-vis de cette tendresse, il se convertit et devient saint Pierre, le fondateur de l'Église.

Paul, sur le chemin de Damas : « Ce tueur, dit un détenu, devient saint Paul, pourquoi pas nous ? »

Augustin fait le désespoir de sa mère, sainte Monique : elle prie pour lui avec persévérance ; il devient saint Augustin. Oui, les plus grands pécheurs deviendraient de grands saints s'ils se fiaient à la Miséricorde, s'ils laissaient la Tendresse les recréer.

Dans nos vies, que de refus d'aimer deviendraient un tremplin pour aimer davantage, après la prise de conscience d'avoir tellement reçu et de donner si peu en retour. Nous oublions si vite la Parole de Jésus : « Il n'y a pas de plus grand amour que de donner sa vie pour ceux qu'on aime » (Jn 15, 13).

Des parents me disent souvent : « Nous sommes sûrs que notre enfant reviendra vers le Seigneur, nous prions tant pour lui. »

Mon acte de contrition

Ô Jésus, mon Sauveur et mon Époux, mes péchés, mes infidélités, mes attaches, mes refus d'aimer pour lesquels tu as versé ton sang, sont une ingratitude, une injustice, une injure envers un Père infiniment Saint, infiniment Bon, de plus, ils ont mis obstacle au passage de ta tendresse sur le monde.

Au nom de ton sang versé, de ta mort sur la croix et par ma Mère Immaculée, je te demande une douleur sincère, profonde, efficace pour avoir blessé ton Cœur qui, pourtant, vient combler.

J'ai méprisé tes dons, tes intérêts, j'ai préféré les plaisirs passagers de la terre.

J'implore ton Esprit de paix, de lumière et de force,

car je ne veux plus t'offenser et désire choisir de plein gré ton bon plaisir, même s'il se présente sous forme de croix. Je vais essayer de tout te rendre à force d'amour. Je ne compte pas sur moi, mais sur la puissance de ton Esprit pour me porter et n'agir que par ta bonté.

« Père, c'est maintenant l'heure de ta grâce » (ps. 68, 14).

Ta faiblesse acceptée déclenche la force de Dieu.

Ta misère séduit ma miséricorde, elle l'attire.

Remets tout à la démesure, à l'immensité de ma bonté.

CHAPITRE VI

Jésus-Christ te communique sa vie

« De même que le Père qui est vivant m'a envoyé et que moi je vis par le Père, de même aussi celui qui me mange vivra par moi. »

(Jean 6, 57).

L'Eucharistie, présence du Verbe de Dieu fait chair

AVANT de remonter au Ciel, Jésus donne le bonheur anticipé de sa Présence. Présence parfois tangible.

Un chrétien se rappelle : « Le jour de ma première communion, à 12 ans, j'ai reçu un inoubliable sentiment de la Présence de Jésus au moment où le prêtre m'a donné l'hostie. »

La Source est là, invention de la tendresse de Dieu !

L'Eucharistie nous offre Jésus-Christ avec les trois Personnes divines ; ses paroles sont claires, en recevant Jésus, nous recevons le Père :

« Ne sais-tu pas que je suis dans le Père et que le Père est en moi » (Jean 14, 10).

En recevant Jésus-Eucharistie, nous recevons l'Esprit Saint : « Le Père lui donne l'Esprit sans mesure » (Jean 3, 34).

Oui, « de sa plénitude, nous avons tous reçus et grâce sur grâce » (Jean 1, 18), car le Père aime le Fils, il a tout remis en sa main » (Jean 3, 35).

« Oh ! Si tu savais le don de Dieu ! » (Jean 4, 10).

Pendant l'Eucharistie en écoutant les paroles liturgiques, il m'est bon pour réagir contre la routine de dire en union avec le Christ Jésus au fond du cœur : notre Père, plein de tendresse.

« En nous donnant son Fils, Dieu nous a vraiment tout donné. »

Deux chrétiens émerveillés.

Ils écoutent la Parole de Jésus : « Je suis le Pain de Vie », l'un s'exclame : « C'est merveilleux ! Est-ce possible, Dieu désire tellement vivre en nous qu'il se dit le pain de vie éternelle, notre nourriture ! » ; et un autre entendant ces mêmes paroles, exprime son admiration : « Quelle autorité devait avoir Jésus pour prononcer avec assurance une telle promesse. »

Va ! Je suis en toi le Pain de Vie.
« Celui qui me mange vivra lui aussi par moi » (Jean 6, 57).

Viens à moi, me dit le Christ Jésus, lui, le Fils bien-aimé du Père. L'hostie nous rend Jésus-Christ présent dans tous ses mystères : sa naissance, sa vie à Nazareth, son Eucharistie, sa Passion, sa croix, sa mort, sa Résurrection...

Le Père nous dit : « Écoutez-le » (Mat. 17, 5).

La folie de la confiance en l'Eucharistie n'est-elle pas suprême sagesse ? Jésus nous apporte la certitude, il nous redit : « Tout ce qui est à moi est à toi. » « Tout », absolument tout ! Ne sommes-nous pas émerveillés si nous nous plongeons dans la contemplation de ce « tout », surtout après la communion ? Est-ce possible, n'est-ce pas une « bonne nouvelle » ?

Les trois personnes divines font plus que nous visiter quand nous communions, elles s'établissent à demeure elles nous transfusent la charité : « Celui qui mange ma chair et boit mon sang demeure en moi et moi je demeure en lui » (Jean 6, 56). La vie du Christ devient nôtre !

Jésus-Christ nourrit notre vie divine

Dans sa soif de se communiquer, Jésus, Fils de Dieu, va jusqu'à se faire notre nourriture, jusqu'à nous donner son cœur pour en vivre à notre tour : « Le pain que je donnerai, c'est ma chair pour la vie du monde » (Jean 6, 51). « Mais, il en est parmi vous qui ne croient pas ! (Jean 6, 64). À vrai dire ces paroles sont incroyables ! Imaginons la foule qui entend de tels propos ! C'est à n'y rien comprendre ! Oui, Dieu nous aime avec excès !

Sommes-nous de ceux qui s'éloignent de Jésus et pensent : c'est trop beau pour y croire ! Pierre ne comprend pas plus, mais il fait crédit à son Maître, il s'appuie sur sa parole, il parie sur sa bonté sans raisonner, son amour lui dicte ces mots avec l'audace de sa foi : « Seigneur, à qui irions-nous, tu as les paroles de la Vie éternelle » (Jean 6, 68).

Je ne suis pas digne.

Au début de ma mission à Paris, le Seigneur m'envoie pour inviter des personnes à partager l'Évangile, à découvrir Jésus-Christ vivant dans leur vie. Parmi elles, un homme âgé désirait ardemment venir pour entendre parler du Christ. Étonnement ! Il est absent à la réunion prévue. Je décide d'aller le voir. Dès mon arrivée, il dit :

– Je suis désolé, je n'ai pas pu me rendre à la réunion, je ne peux plus marcher, j'ai un cancer à la jambe.

Alors je lui propose de lui porter la communion. Il répond :

– Avec joie, mais je désire voir un prêtre car il y a longtemps que je ne pratique plus.

Le prêtre lui donne le sacrement du Pardon, des malades, de l'Eucharistie. Ensuite, je prends rendez-vous pour lui porter régulièrement le Seigneur. La veille du jour fixé, son épouse vient me voir en larmes à la paroisse :

– Ne vous dérangez pas, il est à l'hôpital, très malade...

Je cours à son chevet et la permission m'est accordée par l'infirmière de lui donner une hostie. En voyant que je portais le corps du Christ, il manifeste une joie débordante. Il répète sans cesse :

– Je ne suis pas digne, je ne suis pas digne...

Cette soif du Seigneur me touchait profondément.

Le lendemain il était en réanimation et, le surlendemain, il retournait vers le Père. Quelle reconnaissance montait de mon cœur d'avoir découvert – avant son départ pour la vraie vie – cet homme assoiffé de la présence de son Dieu.

Prière préférée de saint Ignace

« Âme du Christ, sanctifie-moi.
Corps du Christ, sauve-moi.
Sang du Christ, enivre-moi.
Eau du côté du Christ, lave-moi.
Passion du Christ, fortifie-moi.
Ô bon Jésus, exauce-moi.
Dans tes blessures, cache-moi.
Ne permets pas que je sois jamais séparé de toi.
À ma mort, appelle-moi.
Ordonne-moi de venir à toi.
Pour qu'avec tes saints je te loue.
Dans les siècles des siècles. Ainsi soit-il. »

Un Ivoirien se pénètre chaque jour de cette prière pendant son action de grâces après la communion.

Un homme a faim du corps du Christ.

« Le travail est dur, la vie est dure, si je veux rester fidèle au Christ, je ne peux pas me passer de l'Eucharistie, là je puise toute la force pour la journée. Voilà pourquoi j'y participe tous les jours. J'ai besoin de nourriture pour nourrir mon corps, il me faut cette nourriture divine pour vivre dans la volonté de Dieu et suivre ses commandements. Certains jours, j'ai des tentations que, seule, l'Eucharistie peut m'aider à surmonter. »

Oui, dans l'Eucharistie, l'humanité de Jésus-Christ inondée de vie divine devient source de vie. Sa vie jaillit en moi, source intarissable, principe de toute action surnaturelle. Sa vie s'épanche en nous, nous restons en communion avec elle, comme la branche avec le tronc.

L'Eucharistie sera ma force.

Un ancien prisonnier parie, lui aussi, sur la bonté de son Maître. Il se croit appelé à suivre Jésus-Christ de plus près par le sacerdoce. Pourtant, il ressent l'impossibilité de garder le célibat. Il sait que, seule, la volonté de Dieu peut le rendre fécond et heureux. Il décide alors de faire une retraite de 9 jours pour découvrir le désir de Dieu sur lui. Il se met dans la situation intérieure de s'ouvrir à la lumière et à la force de l'Esprit Saint pour accomplir la volonté de Dieu quelle qu'elle soit. « J'ai la certitude, dit-il, que l'Eucharistie, reçue chaque jour, sera ma force. L'impossible pour moi deviendra possible par Dieu, s'il veut que je sois prêtre. »

Permettez-moi de le confier à vos prières.

Une force sortait de lui qui les guérissait tous

La puissance du Christ ne cesse d'être encore à l'œuvre. Il nous fait signe. Savons-nous reconnaître, recevoir ces signes de sa Présence, de l'action de son Esprit ? N'est-ce pas significatif ? La plupart des signes de Jésus, à Lourdes par exemple, se manifestent au moment de l'Eucharistie ou de la bénédiction du Saint-Sacrement.

Silouane était bouleversé par le don de Dieu. Un Jour dans l'éclair d'un instant, il vit le visage du Christ vivant. Il dit à Jésus : « Dans la miséricorde tu as jeté ton regard sur moi... tu m'as donné de connaître ta grande tendresse. » À partir de ce moment, Silouane a été revêtu de l'humilité et de la tendresse du Christ pour ses frères.
N'est-ce pas un miracle de résurrection ?

Jésus nous insuffle sa vie pour la communiquer. Nous avons à devenir des ostensoirs de sa Présence, nous avons à participer à cette présence de Dieu, à être transparents de sa bonté pour le monde. Il est retourné à son Père le jour de l'Ascension ; par son Eucharistie, n'avons-nous pas à continuer son œuvre de vie, à rendre visible sa bienveillance pour tous ? L'exprimer, nous en laisser imprégner autant que cela nous est possible, n'est-ce pas vital pour le monde ?

Innombrables sont les exemples de puissance venant de Jésus. À partir d'un geste, d'un regard, d'un sourire... nous constatons de vraies guérisons. (De nombreux témoignages figurent dans le livre : *Aimer, c'est urgent.*) Être présent à cette présence, cela ne changerait-il pas la face de la terre ? Si tous les Chrétiens en prenaient conscience pour essayer d'en vivre ?

Un chemin de Damas.

Une jeune fille protestante vient passer l'hiver à Montpellier. Ses amies désirent qu'elle se convertisse à la foi catholique et prient pour cette intention. Un jour, sous un prétexte quelconque, elles entrent ensemble dans une église, au moment de l'exposition du Saint Sacrement. Mabel Digby reste droite et fière. Tout d'un coup elle tombe prosternée, comme saint Paul sur le chemin de Damas, et demeure immobile tandis que l'église se vide. C'était vers 1853. Elle n'a jamais voulu dire ce qui s'était passé, mais elle se releva catholique. Toute sa vie, à la même heure, elle se sentit poussée à prier devant le Saint-Sacrement. Plus tard, elle devint supérieure générale de la congrégation du Sacré-Cœur.

« Devant le Saint-Sacrement, ouvrons notre cœur, le bon Dieu ouvrira le sien. Nous irons à lui, il viendra à nous, l'un pour demander, l'autre pour donner. Ce sera comme un souffle de l'un à l'autre » (Saint Curé d'Ars).

Accueillir l'auteur de la grâce et m'exposer à son regard

Chaque dimanche, peut-être chaque jour, nos lèvres accueillent dans l'Eucharistie l'auteur de la grâce, la bonté incarnée.

Comment ces lèvres peuvent-elles proférer des paroles contre la charité ? Pourtant dans nos vies, que de médisances, de calomnies, de blessures infligées aux autres, par des paroles irréfléchies ou, pire, volontaires ! Et comment notre cœur, comblé par la miséricorde de Dieu, peut-il rester un cœur de pierre ? Pourtant, la promesse du prophète, nous le rappelle : « J'ôterai ton cœur de pierre, j'y mettrai un cœur de chair » (Ézech. 11, 19).

Crois à mon regard porté sur toi ; il te cherche et frappe à ta porte. N'est-il pas important de nous laisser scruter par le Christ tels que nous sommes, pour, à notre tour, poser notre regard sur ceux que nous côtoyons ? Ce regard de Jésus en nous peut visiter le cœur de l'autre et même le convertir.

De même, le regard de Jésus en l'autre nous visite et nous convertit.

Devant Jésus exposé, j'ai envie de lui dire :
– Jésus je ne te vois pas.
Et lui me répond :
– Mais Moi, je te vois. Pour que ton cœur s'ouvre, prends la décision de mendier, avec ton peu de foi, le miracle de mon regard de bienveillance sur ta pauvreté. Si tu découvres enfin cette bonté, tout sera transformé. Alors, expose-toi au feu de mon hostie dans le Saint-Sacrement, expose-toi à ma tendresse ; laisse-moi t'immerger, te guérir, pour devenir toi-même toute miséricorde et bienveillance.

En fin de journée, il est bon de nous exposer avec notre vécu, nos relations et tous ceux que nous rencontrons à ce regard de Jésus.

Personnellement, j'ai pris l'habitude, lorsqu'on me recommande une personne, d'écrire son nom dans un cahier de supplications. Je le présente ainsi à Jésus-Christ et lui demande de poser son regard sur chacun ; je sais que, lui, n'oublie personne.

« Jésus le regarda et l'aima » (Marc 10, 21).

M'exposer à ce regard pour m'en imprégner.

N'aie pas peur, laisse-toi regarder par le Christ, car il t'aime. » C'est ce que nous chantons.

« Le Fils de l'Homme est venu chercher et sauver ce qui était perdu » (Luc 19, 10).

M'exposer à ce pardon pour l'accueillir. N'aie pas peur, laisse-toi pardonner par le Christ car il t'aime. Laisse ma Miséricorde guérir ton cœur.

« Je suis venu allumer le Feu sur la terre » (Luc 12, 49).

M'exposer à ce Feu de l'Esprit, il veut embraser la terre. N'aie pas peur, laisse-toi embraser par le Christ, car il t'aime.

« Le Verbe était la vraie lumière qui, en venant dans le monde, illuminait tout homme » (Jean 1, 9).

M'exposer à cette lumière pour la communiquer. N'aie pas peur, laisse-toi traverser par le Christ, car il t'aime. Il veut te transfuser sa Vie.

À nous d'ouvrir les écluses pour recevoir l'Eau vive qui s'écoule du cœur ouvert de Jésus et la laisser nous envahir pour la déverser sur notre monde, malade de Dieu sans le savoir.

Va vers qui je t'enverrai

« Moi, le Seigneur, je t'ai appelé dans la justice, je t'ai pris par la main et je t'ai formé... pour ouvrir les yeux des aveugles, pour faire sortir de prison les captifs et du cachot ceux qui habitent les ténèbres » (Isaïe 42, 6). « Ne dis pas : Je suis un enfant, mais va vers ceux à qui je t'enverrai, tout ce que je t'ordonnerai, dis-le. N'aie aucune frayeur devant eux, car je suis avec toi pour te protéger. Oracle du Seigneur Dieu » (Jérémie 1, 7-8).

Je vivrai en toi, alors mes paroles toucheront les cœurs ; c'est à cause de ta pauvreté que je te choisis. Alors on verra ma puissance se servir d'instruments faibles, vulnérables pour manifester ma miséricorde.

Dans nos cœurs, Jésus-Christ continue à dire : « le Père m'exauce toujours » (Jean 11, 42). « Le Père qui demeure en moi accomplit ses propres œuvres » (Jean 14, 10).

Jésus, Présence de ton Père, étends ta main puissante sur les personnes que je rencontre, celles qui touchent mon champ de conscience, et sur l'humanité entière... J'expose ce monde à ta tendresse. Je l'expose aux radiations de ta Présence.

« Dieu a tant aimé le monde qu'il a donné son Fils unique... pour que le monde soit sauvé par lui » (Jean 3, 16-17).

« Père, l'heure est venue, glorifie ton Fils [révèle son Nom : Jésus Sauveur], afin que ton Fils te glorifie [révèle ton Nom : Tendresse] [...]. Alors ceux que tu lui as donnés te connaîtront, Père, toi et celui que tu as envoyé... » (Jean 17, 1-3).

CHAPITRE VII

Marie immaculée, reflet du cœur de Dieu

Avant, pendant, après la naissance de Jésus,
tu demeures toujours Vierge (dit l'Église).

MARIE accueille le Sauveur, elle le communique.

« Le Seigneur est en toi en vaillant Sauveur. »

La vie trinitaire règne en Marie immaculée, chef-d'œuvre du Puissant. Par son « oui » de l'Annonciation à l'ange Gabriel, Marie accueille la Présence et la transmet. Immédiatement elle veut partager son trésor. Sa cousine Élisabeth s'émerveille de voir venir à elle la mère de son Sauveur. L'enfant dans son sein n'y résiste pas, il tressaille dès son arrivée. Marie se livre sans retour, elle devient le miracle de la tendresse de Dieu. « Le Tout-Puissant a fait pour moi des merveilles » (Magnificat).

Marie est un foyer d'amour, de ce Feu allumé par Jésus au plus intime d'elle-même. Ce Feu embrase tout sur son passage pour embraser la terre.

L'Esprit Saint survenu en elle est ce fleuve d'eau vive ; cette Source inonde le monde. Ceux qui l'accueillent sont transformés. Tout en Marie est le fruit de la Présence qui l'habite. « Marie gardait tout dans son cœur » (Luc 2, 19).

Marie proche de nous.

Une amie me raconte : Dans le train, une jeune femme vient s'asseoir à côté de moi. Elle éclate en sanglots. Je me mets à prier pour elle et lui dis :

– Vous avez du chagrin, je vais demander à Marie de vous aider. Voulez-vous cette médaille de la Vierge de la rue du Bac ?

– Oh ! Oui, fut la réponse.

Partout, Marie introduit la Présence avec elle, Jésus passe, il règne en elle. Prier, travailler, parler, se taire, se reposer, tout en Marie est l'œuvre de l'Esprit Saint agissant en elle. Il ne cesse de la mouvoir. Elle donne à la Présence la possibilité de s'établir au cœur de toute situation. Elle se fie à la Sagesse de Dieu sans calculer.

Marie, celle qui a cru (Luc 1, 45)

Si facilement nous disons : à quoi bon prier, Dieu n'entend pas, n'exauce pas mes prières. Que de fois ai-je entendu ces paroles !

Nos prières ne reçoivent pas la réponse envisagée, peut-être ? Cette réponse était-elle la meilleure pour notre bien et pour le royaume ? Nos vues sont trop courtes pour le savoir. Nous sommes déconcertés.

« Marie est celle qui a cru les choses qui lui furent dites de la part de Dieu », sans rien comprendre parfois.

À Bethléem, si au moins il y avait eu un hébergement pour mettre au monde son Fils ; mais « il n'y avait pas de place pour eux à l'hôtellerie » !

Avec Joseph, elle fuit en Égypte sans connaître le temps du retour !

Un jour, Jésus part sans prévenir. Il avait 12 ans. Ses parents le cherchent pendant trois jours. Le retrouvant enfin au temple, ils entendent cette parole étonnante : « Ne saviez-vous pas qu'il me faut être chez mon Père ? » (Luc 2, 49).

Aux noces de Cana, elle ne doute pas de son fils. Elle répond aux serviteurs : « Faites tout ce qu'il vous dira » (Luc 2, 5).

Au pied de la Croix, la raison de Marie aurait pu chavirer avec la mort de Jésus. Qu'en était-il donc de sa mission de Sauveur ? Elle reste debout, dit l'Évangile, elle garde une fois inébranlable. Jésus vient de lui dire en montrant Jean : « Voilà ton fils » (Jean 19, 26). À partir de ce jour, nous sommes tous ses enfants.

À vrai dire, Marie aurait pu se croire non exaucée dans ses prières, mais sa foi n'a pas de faille. Quant à nous, nous sommes si facilement déconcertés quand les résultats de nos demandes se font attendre. Que de fois, nous allons jusqu'à donner des conseils à Dieu. Dieu est tout-puissant, alors il devrait agir autrement, arrêter tel cataclysme...

Marie accueille la force de la foi, elle ne doute pas malgré ses nombreuses épreuves. Elle croit envers et contre tout. « Dieu est Amour », il n'est que cela, c'est son Nom, ses desseins ne sont pas les nôtres. « Il peut par sa puissance agir en nous au-delà, infiniment au-delà de ce que nous demandons et pouvons imaginer » (Éph. 3, 20).

Marie ma mère.

> « J'ai redécouvert Marie comme ma mère à partir de la mort de maman. En méditant sur la Sainte Vierge, j'ai appris à tout vivre avec elle. Elle m'apprend l'abandon dans les plus petites choses. Elle me fait redécouvrir en même temps l'Église ; il me semble qu'on ne peut pas aimer l'Église sans aimer Marie. »
>
> (Témoignage d'une amie.)

Marie

> en la suivant, on ne dévie pas ;
> en la priant, on ne désespère pas ;
> en pensant à elle, on ne se trompe pas.
> Si elle te tient par la main, tu ne tomberas pas ;
> si elle te guide, tu ne connaîtras pas la fatigue ;
> si elle est avec toi, tu es sûr d'arriver au but. »
>
> (Saint Bernard.)

Le roc de Marie : la certitude de se savoir aimée

Marie se fie inconditionnellement à la sagesse ineffable de son Dieu. Dans son Assomption, Marie ne découvre-t-elle pas, dans une joie indicible, ce dont elle n'a jamais douté : la puissance de Résurrection du Christ. Dans une foi indéfectible, elle a vécu au gré de la grâce divine. Elle a « espéré contre toute espérance » (Rom. 4, 18). Marie se laisse aimer pour aimer à son tour. La certitude absolue de son cœur la délivre du besoin de preuves rationnelles. Elle prie sans garantie, cette prière est comme une flèche dans le Cœur de Dieu. N'ayons pas peur de trop aimer Marie ! Jésus l'a aimée bien plus que nous ne pourrons jamais le faire.

Grâce à Marie, le mal régresse.

> Une infirmière raconte : « J'accompagne souvent un médecin de campagne près de ses grands malades. Un jour, nous nous rendons au chevet d'un jeune cultivateur atteint de gangrène à la suite d'un accident de travail. Je reste longtemps près du malade et vois progresser le mal, et pas d'antibiotiques en ces temps anciens. La mère de ce jeune accidenté fait une prière. Elle promet à la Sainte Vierge de construire un oratoire si son fils guérit.
> À ce moment le mal se met à régresser aussi vite qu'il avait progressé. Je le constate avec joie, ainsi que le médecin pourtant incroyant. »

Par Marie, le salut entre dans le monde

La plénitude de vie, ô Marie, s'engouffre en toi pour inonder l'humanité entière.

En accueillant Jésus, tu reçois la plénitude de l'Esprit Saint.

En accueillant Jésus, la Trinité entière t'envahit.

Ô Trinité que j'adore en Marie...

Ta vie est le jaillissement de la Présence trinitaire en Jésus

que tu accueilles à l'Annonciation,
qui rayonne à travers toi à ta visitation,
que tu donnes au monde à sa naissance,
que tu offres au Père à la Présentation,
que tu retrouves au temple dans la maison du Père...

Ainsi s'ordonne en général ma contemplation des mystères du Rosaire. J'aime inviter mes amis du Ciel et les défunts à venir prier avec moi le chapelet pour le monde.

Je te salue Marie veut dire : Je te salue, aimée de Dieu. « Il te couronne d'amour et de Tendresse. »

Source de vie et de lumière, Marie resplendit de la gloire de Dieu. Cette gloire de Dieu est le fruit de la présence de Jésus en elle : « Splendeur jaillie du sein de Dieu. »

La gloire de Dieu en Marie immaculée, c'est son rayonnement de bonté, de délicatesse, de miséricorde, de tendresse. Marie déborde de l'Esprit Saint. Une force sort de Jésus en elle. Cette force bénit, apaise, conforte, soulage, éclaire, sauve et guérit tout sur son passage...

Accueillir Marie dans nos vies, nous consacrer à elle, c'est accueillir en nous la présence de la Trinité.

C'est la laisser nous traverser et toucher le cœur des autres, à la mesure de notre confiance.

Un regard de Marie lui a suffi.

La Vierge Marie, par son regard, retourne en un instant le Juif Alphonse de Ratisbonne. Il répète en larmes : « Je l'ai vue, je l'ai vue et, dans son regard, j'ai tout compris. » Il se convertit au Christ et fonde la congrégation de Notre-Dame de Sion.

Marie entièrement livrée au Feu de l'Esprit Saint et irradiée par lui n'enseigne-t-elle pas le chemin de l'accueil, de la délicatesse, de la bienveillance, de la tendresse, du sourire à travers tout, à ceux qui la prient comme leur mère.

Il est bon, non seulement de la prier, mais aussi de prier avec elle, présente sur tous nos chemins.

Le Souvenez-vous de saint Bernard

« Il existe une prière effrayante, une prière que j'hésite à murmurer tant elle nous engage : *Souvenez-vous, ô très miséricordieuse Vierge Marie, qu'on n'a jamais entendu dire qu'aucun de ceux qui ont eu recours à votre protection, imploré votre assistance ou réclamé vos suffrages ait été abandonné.* La terrible et merveilleuse puissance du "souvenez-vous" est tout entière contenue dans ce qu'il faut bien appeler "un chantage". Littéralement, la prière interpelle la Vierge Marie et la met au pied du mur. Voici que la Terre somme le Ciel d'obéir.

Celui qui prononce les mots de la prière semble dire : « Vais-je être le premier à porter témoignage contre vous ? Le premier, Marie, de vos enfants auquel vous ayez refusé d'accorder ce qu'il demande ? » D'autant que la prière recouvre tous les besoins, protection, assistance, suffrages...

Et moi, je suis convaincu que celui qui aurait l'immense audace de réciter cette prière en croyant, sans l'ombre d'un doute, au poids et à la signification de chaque mot, celui-là rendrait possible l'impossible. Encore faut-il oser !

Mais qui peut être cette femme, au-dessus de toutes les femmes, qui accepte de se faire enchaîner par de tels mots ? »

Marie, je ne sais pas prier, sois ma prière ;
Marie, je ne sais pas aimer, sois mon cœur et mon ouverture à l'Esprit Saint, l'Esprit de miséricorde.
Marie, je ne sais pas obéir dans les détails de ma vie à l'Esprit Saint et n'agir que par lui pour faire uniquement l'œuvre du Père, fais tout cela en moi et que toute la gloire t'en revienne.

Grâce à la Sainte Vierge, elle découvre Jésus-Christ.

Une jeune femme raconte à peu près ceci :

– J'étais droguée, prostituée, j'ai péché de toutes sortes de façons jusqu'à ce que j'entre en prison.

Grâce à une visiteuse, j'ai découvert Jésus-Christ et suis sortie de prison complètement guérie, désireuse de faire connaître Jésus à tous. Maman m'a dit :

– Je n'ai jamais douté un seul instant de ta conversion, car je t'avais consacré à Jésus par Marie à ta naissance.

Consécration à Jésus par Marie

Je te choisis aujourd'hui, ô Marie, mère de Jésus, comblée de l'Esprit, en présence des anges et des saints, pour ma mère toute-puissante sur le Cœur de Dieu.

Jésus, par Marie, je te consacre mon être tout entier, toute ma vie avec l'heure de ma mort.

Dispose de moi et de tout ce qui m'appartient.

Vierge Marie, toute aimée de Dieu, obtiens-moi, s'il te plaît, de ne vivre que pour obéir à l'Esprit Saint, n'agir que par la puissance de son action pour aimer Dieu par-dessus tout. Et oser laisser sa force faire en moi au nom de Jésus – pour la gloire du Père et le salut du monde – ce que je ne peux pas faire par moi-même.

La mission de Marie est de nous conduire à Jésus. Elle veille sur Sa Vie en nous.

Un jour, une inspiration m'a poussée à fixer sur mon alliance de religieuse la médaille miraculeuse de la Sainte Vierge pour qu'elle me rappelle la Présence de Jésus.

Mes frères détenus du groupe de prière réclame tous cette médaille. Ils savent qu'elle n'est pas un porte-bonheur, mais s'ils prient Marie, leur mère, elle écrasera la tête de Satan dans les tentations qui les attendent et les conduira à Jésus-Christ, vainqueur du Mal.

Marie nous dit à tous :
Donne-moi ton cœur, je le garderai ;
donne-moi tes activités, je les transformerai ;
donne-moi ta vie, ton amour, je passerai tout à Jésus.
Elle pose sur chacun de nous son regard de mère.

CHAPITRE VIII

Une présence t'habite

« Si quelqu'un m'aime, il gardera ma parole et mon Père l'aimera et nous viendrons à lui et nous ferons chez lui notre demeure. »

(Jean 14, 23)

« En moi, Dieu est Amour.

Celui qui demeure dans l'amour demeure en Dieu.

Et Dieu demeure en lui » (Jean I, 4, 16).

Depuis longtemps, je demande à Jésus de me dire quel est le Nom qu'il veut que je lui donne ?

C'est en lisant ce passage de l'Évangile, où Jésus demande à Pierre : – Qui suis-je ? Et où Pierre répond : – Tu es le Messie (Mat. 16, 15), que je trouve un jour ma propre réponse :

– Au plus intime de mon être pécheur, tu es Jésus Christ Sauveur, Tendresse du Père qui veut se déverser sur le monde.

Jésus m'indique aussi dans un passage de nos Constitutions comment vivre ma vie d'enfant de Dieu et à plus forte raison de consacrée.

« Par notre charisme, nous sommes consacrées à glorifier le Cœur de Jésus », nous répondons à l'appel
de découvrir et de manifester son amour
en nous laissant transformer par l'Esprit
pour vivre en union et conformité au Seigneur
et rayonner par notre amour et notre service
la charité même de son Cœur.

Le Cœur du Christ nous appelle à le rejoindre le plus souvent possible au-dedans de nous, à ouvrir notre être tout entier à l'effusion de son Esprit et à sa Vie. Cette attitude finira par changer peu à peu notre cœur en celui de Jésus doux et humble.

La plénitude de vie, de lumière, de tendresse est au-dedans de nous celle qui agit.
Le Père créateur, source de vie.
Le Fils, source de lumière.
Le Saint Esprit, Amour, source de tendresse.

L'Écriture illumine cette vérité : « Demeurez en moi comme je demeure en vous » (Jean 15, 4).

J'aime me plonger dans cette certitude de foi. Pouvoir accepter la présence de Dieu non plus seulement dans la lecture de la Bible, mais au plus intime de nos cœurs où Il habite. Quelle découverte ! Quel trésor !

Qui est celui qui demeure en nous ?

Qui est-Il dans l'Ancien Testament ? « Dieu de tendresse et de pitié, lent à la colère et plein d'amour, Dieu qui pardonne... » Dieu toujours prêt à nous accueillir si nous revenons vers Lui...

Chacun est aimé de lui comme s'il était unique.

Qui est-Il dans le Nouveau Testament ? À commencer par le prologue de Jean. « Le Verbe s'est fait chair. » Son humanité, dont je suis membre comme la branche unie au tronc, est vie et lumière, puissance et force, sagesse et intelligence, bonté et beauté...

Celui qui demeure en nous est le Fils Bien-aimé du Père.

Dans l'Ancien comme dans le Nouveau Testament, il est manifeste que ce Dieu qui nous habite est tendresse et que Jésus-Christ vient « chercher et sauver ce qui est perdu » (Luc 19, 10).

Au plus intime de mon être, il est Tendresse jaillie au sein du Père

« L'amour de Dieu a été répandu dans nos cœurs par l'Esprit Saint qui nous a été donné »
(Rom. 5, 5)

Chacun est unique, aimé personnellement. « De sa plénitude nous avons tous reçu, et grâce sur grâce » (Jean 1,16).

Sa tendresse bouleverse. Chaque page de l'Écriture nous le rappelle. Jésus passe en faisant le bien. Partout, il est bonté, patience, miséricorde. La confiance est le chemin qui permet à la Tendresse d'opérer des merveilles. Donner sa faiblesse à Jésus, c'est recevoir toute sa plénitude. Il cherche, il demande notre pauvreté pour nous combler. Les miracles sont l'œuvre de Jésus et aussi de la foi. « Va, ta foi est grande. »

Jésus semble vulnérable devant la foi d'une Chananéenne : « Qu'il te soit fait selon ton désir » ; et devant celle du centurion : « Je ne suis pas digne », dit-il à Jésus. Jésus lui répond : « Va, qu'il te soit fait selon ta foi » (Mat. 8, 13).

Dieu à mes côtés.

« Je ressens la profondeur et la sollicitude de Dieu pour sa créature. Cela me rassure de savoir que Dieu est avec moi, à mes côtés, à chaque instant. Je ne peux plus avoir peur de rien, ni de personne », explique un ami après avoir contemplé l'icône de couverture.

« Ne soyez inquiets de rien, mais en toute occasion, par la prière et la supplication accompagnées d'action de grâces, faites connaître vos demandes à Dieu » (Phil. 4, 6).

Sans laissez-passer.

Dans les années 40, pendant l'Occupation, j'étais à Tours et devais me rendre à Lille. Impossible d'avoir un laissez-passer ; je pense l'obtenir à Paris ; il est encore refusé.

Avant le départ, je participe à l'Eucharistie. L'Évangile du jour se termine par la parole : « Rien n'est impossible à Dieu ! » Je me rappelle l'avoir prise au mot : Seigneur, rien ne vous est impossible, alors...

Je pars, le quai est bondé, le train aussi. Envahie par une immense paix, l'Esprit Saint met en même temps cette prière continuelle dans mon cœur : « Jésus, je crois à votre amour, je suis sûre de votre amour, je m'abandonne à votre amour. » L'idée me vient de parler à ma voisine malgré l'imprudence apparente :

– Madame, je dois me rendre à Lille dans la zone occupée, je n'ai pu obtenir de laissez-passer !

– Mais c'est absolument impossible !

– Oui, je sais !

Silence... je ne cesse de prier, de m'abandonner.

Enfin, ma voisine me confie :

– Je vais risquer gros pour vous. J'ai dans mon sac le laissez-passer de ma fille étudiante, à la dernière minute elle n'a pu venir. Si vous le voulez, je vous le donne et je vais rajouter « religieuse » étudiante. Quand les Allemands demanderont les papiers, vous ferez la sotte !

– Ce n'est pas difficile, lui dis-je.

La vérification eut lieu dans le train à Amiens. Après : une longue discussion, on me laissa continuer jusqu'à Lille.

Ce souvenir me laisse encore émerveillée de la tendresse de Dieu pour ceux qui le savent présent et s'en remettent absolument à sa sagesse dans les détails de leur vie.

À chacun le Seigneur dit, comme à l'aveugle de Jéricho : « Que veux-tu que je fasse pour toi ? » (Luc 18, 41). L'humanité de Jésus nous inonde à la mesure de notre ouverture, de notre confiance sans borne.

– Jésus, accorde-moi la grâce de penser, dire, faire... en toi et pour toi ce que ton Esprit me suggère.

La racine de l'abandon

L'abandon est la réponse à la tendresse de Dieu. Il est certitude, conviction invincible d'être aimé à chaque instant sans mesure, sans condition, tels que nous sommes. Dieu nous aime ainsi, non pour notre perfection ou nos efforts, mais dans l'état où nous nous trouvons.

Si je suis pécheur, il est venu pour moi d'abord.

Nous en remettre aux initiatives de la Tendresse infinie et nous laisser diriger par l'Esprit Saint, c'est nous ouvrir à ses libéralités en toute confiance. « Même s'il se trouvait une mère qui oublierait son enfant, moi, jamais » (Isaïe 49, 15), nous redit notre Dieu, dans le plus fort de nos détresses. Je suis venu pour toi, j'ai donné ma vie pour toi, comment t'abandonnerais-je ?

Accueillir cette tendresse, c'est en finir avec nos arrogances dans la prière, c'est lui dire : S'il te plaît, je suis tellement sûr de ta Miséricorde, je veux uniquement ta volonté, elle n'est que tendresse ! Je n'ai plus besoin de comprendre. Au nom de ta bonté, je suis sûr que tu me donneras ce qu'il y a de meilleur.

« Dieu y pourvoira. » Cela veut dire : la Tendresse y pourvoira.

Le chemin de la prière.

> « Dans une réunion, j'avais envie de dire ses "quatre vérités" à mon patron. Me rappelant la présence de Dieu en moi, je me plongeai dans la prière et ce que je souhaitais arriva : c'est un chemin que je prends souvent », dit un détenu.

Ne plus chercher à voir ni à comprendre les desseins de Dieu

Thérèse de Lisieux n'a pas vu de son vivant les innombrables demandes exaucées. Mais elle a cru. Dieu a mille manières de répondre à nos supplications. Aucune, en vérité, ne peut être perdue. Nous ne voyons que l'instant présent, l'intelligence de Dieu connaît présent, passé, avenir. Il connaît la meilleure grâce pour nous ou la meilleure heure pour nous combler. Il dit : « Va, n'aie pas peur, je vis en toi. » Quand donc t'abandonneras-tu ? Quand te fieras-tu à ma Sagesse, à ma Tendresse ?

« Qu'est-ce que l'homme pour que tu te souviennes de lui, un fils d'homme pour que tu en prennes souci ? » (Ps. 8, 5).

Les pauvres nous apprennent l'Évangile.

Un jour, dit un déshérité, j'avais faim. Pour manger, je n'avais sur moi que le prix d'un repas.

Une dame s'approche de lui.

– Monsieur, vous n'auriez pas 30 F, car le chauffeur de taxi me demande plus que je ne pensais ?

Il se dit : « J'ai tellement faim, si je lui donne je n'aurai plus rien. » Son bon cœur l'emporte, il lui tend l'argent désiré.

En rentrant chez lui, quelle ne fut pas sa stupéfaction de découvrir 500 F sous sa porte !

Dieu ne se laisse jamais vaincre en générosité.

Un supérieur de l'Action Populaire à Vanves était si généreux qu'il se trouvait constamment en dettes. Un jour, un jeune Jésuite qui avait été appelé à l'aider dans sa maison voit un inconnu s'approcher de lui dans le métro :

– Vous êtes Jésuite ?

– Oui !

– Vous connaissez le père Desbuquois ?

– Oui !

– Remettez-lui cette enveloppe.

Elle contenait exactement la somme qui manquait.

Souvent de telles surprises lui arrivaient.

Les événements non conformes parfois à nos désirs permettent d'approfondir notre foi. La confiance nous fait croire ce que nous ne voyons pas. « Heureux es-tu Thomas, parce que tu m'as vu, bien plus heureux ceux qui n'ont pas vu et qui ont cru » (Jean 20, 29), dit Jésus à son apôtre après la Résurrection.

Espérer contre toute espérance

La foi à transporter les montagnes est une grâce à implorer. Attendre l'impossible.

Moi, je te vois.

Un jour, le feu prend dans un immeuble. Un enfant se trouve seul à ce moment. Son père aperçoit de loin l'incendie. Il se précipite et crie à son fils :

– Jette-toi par le balcon, je te rattrape.

– Papa, je ne peux pas, je ne te vois pas.

– Tu ne me vois pas, mais moi je te vois, vas-y, lui crie son père.

L'aveugle se laisse conduire par celui qui le mène. Et nous, conduits par notre Dieu, nous aurions peur !

Mais quelle impudence il y aurait à nous glorifier d'avoir confiance dans la Tendresse, alors que c'est un cadeau sans prix. Cette faveur nous prépare à recevoir toutes les grâces.

« Qu'as-tu que tu ne l'aies reçu ? Et si tu l'as reçu, pourquoi te glorifier comme si tu ne l'avais pas reçu » ? (I Cor. 4, 7-8).

Même Jésus-Christ, Fils de Dieu et modèle d'abandon entre les mains du Père, affirme :

« Je ne suis pas venu de moi-même, c'est le Père qui m'a envoyé » (Jean 7, 28).

« Je ne parle pas de moi-même, mais le Père qui m'a envoyé m'a prescrit ce que j'avais à dire. Ce que je dis, je le dis comme mon Père me l'a dit » (Jean 12, 49-50).

« Je ne fais rien de moi-même... Celui qui m'a envoyé est avec moi, il ne m'a pas laissé seul parce que je fais toujours ce qui lui plaît » (Jean 8, 28-29).

« Le Père m'aime parce que je me dessaisis de ma vie » (Jean 10, 17).

« Père, je m'abandonne à toi.

Oui, fais de moi ce que tu voudras.

Quoi que tu fasses de moi, je te remercie, je suis prêt à tout, j'accepte tout

pourvu que ta volonté se fasse en moi et en toutes tes créatures ; je ne désire rien d'autre, mon Dieu.

Je remets mon âme entre tes mains, je te la donne,

Père, avec tout l'amour de mon cœur,

parce que je t'aime que ce m'est un besoin d'amour de me donner à toi, de me remettre entre tes mains sans mesure,

avec une infinie confiance, parce que tu es mon père. »

(Prière du Père Charles de Foucauld.)

Oui, tout est grâce

Dieu utilise tout pour notre bien, même les épreuves, c'est encore une certitude. « Tout concourt au bien de ceux qui aiment Dieu » (Rom. 8, 28). Nous sommes dans sa main, « rien ne pourrait nous manquer, où il nous conduit » (Psaume 23). Nous sommes appelés à une foi inébranlable en la Tendresse infinie. Dieu peut sortir du bien d'une épreuve, nous en faisons tous l'expérience, si nous voulons bien le reconnaître.

Que de temps perdu parce que, dans la hâte du travail, nous oublions d'écouter ce que la Tendresse désire faire avec nous.

Faire confiance contre la raison.

Une personne décide de donner du temps à la prière pendant son week-end. Elle part en voiture vers un oratoire pour mieux se recueillir. Au lieu voulu, elle se met en prière et s'aperçoit tout d'un coup de la perte de ses clés. Son premier mouvement est d'aller les chercher. Puis elle se dit que le Seigneur connaît l'endroit où se trouvent ses clés. Sa décision est prise, elle donne à Dieu les heures promises et cherchera ensuite. En quittant l'oratoire, elle aperçoit ses clés là où elle ne les aurait jamais cherchées.

Dieu protège ceux qui comptent sur lui.

Quelle absurdité de la part de Dieu, pourrait dire Abraham. Il me demande de lui sacrifier le fils de la Promesse. Isaac !

– Prends ton fils, ton unique que tu chéris, tu t'offriras en holocauste.

Le fils lui dit :

– Mon père ?

Il répond :

– Mon fils ?

– Voilà le bois et le feu, mais où est l'agneau pour l'holocauste ? dit Isaac.

– C'est Dieu qui y pourvoira, mon fils ! (Genèse 22).

Tout ce chapitre serait à relire. Nous découvririons que Dieu comble au-delà de tout ce que nous pouvons imaginer. La seule condition : lui faire confiance.

C'est la confiance de Marie après la visite de l'Ange (Luc I, 26-39).

Tout ce qui nous déconcerte, la Tendresse va l'utiliser pour notre bien. C'est incroyable, mais vrai. Dieu se sert de tout pour notre bien immédiat ou futur.

Le jour où j'ai peur, je prends appui sur Lui.

« Sur Dieu dont j'exalte la parole, sur Dieu je prends appui.

Plus rien ne me fait peur : que peuvent sur moi des êtres de chair ? » (Ps. 56, 5).

Visiteuse de prison depuis dix ans, j'entends quelqu'un me dire :

« Comment peux-tu visiter les détenus, si tu es si peu instruite de leurs difficultés, de la différence des religions et si peu cultivée ! »

La vérité de cette parole me fait réfléchir. Cette mission est-elle la volonté de Dieu sur moi ? Est-elle vraiment l'œuvre de Dieu ?

« Seigneur, que veux-tu de moi ? »

La réponse ne se fait pas attendre.

Le lendemain, je participe à l'Eucharistie avant d'aller à la prison.

Quelle n'est pas ma joie d'entendre le Seigneur dans l'Évangile :

« Vous serez tous instruits par Dieu lui-même » (Jean 6, 45).

Quelle parole ! Quelle réponse ! Une paix m'envahit d'autant plus que le prêtre fait un commentaire de ce passage bien encourageant.

J'en ai maintenant la certitude, je dois continuer à voir mes frères détenus.

Le jour même, forte de mon ignorance, je demande à un Musulman :
– Peux-tu me dire comment tu vis ta religion ?
Il m'explique. Je l'écoute attentivement puis il lance :
– Pour vous, Sœur Cécile, qui est Jésus-Christ ?
Quelle n'est pas ma joie de pouvoir parler, moi aussi, de Celui qui est tout pour moi.
Je comprends chaque jour davantage que « toute la force du Christ se déploie dans la faiblesse » (II Cor. 12. 9). sous toutes ses formes.

Vivre l'abandon dans l'action de grâces

Certains petits enfants, eux aussi, accueillent la tendresse de Dieu au cœur même de leurs souffrances.

Denis, un enfant de 12 ans, plein de vie, cherche à faire plaisir à tout le monde. Je lui fais le catéchisme et le connais bien.
Condamné par les médecins, il reste pourtant un rayon de soleil.
À l'hôpital où deux étudiants en médecine le soignent pour un cancer, je découvre le secret de sa joie.
En effet, je lui souffle à l'oreille une parole un peu folle pour l'occasion :
– Denis, que dis-tu à Jésus ?
– « Je bénirai le Seigneur toujours et partout ! » (Ps. 33).

Cet enfant nous fait découvrir que de l'abandon naît l'action de grâces.

Celle-ci permet à Dieu de guérir nos défaillances

dans l'amour, parfois même physiquement. Bénir Dieu, c'est nous laisser porter par sa tendresse.

Le petit, qu'il vienne : « Le Seigneur l'entoure, il l'adopte, il l'élève, il le garde comme la prunelle de l'œil. Tel un vautour qui veille sur son nid et plane au-dessus de ses petits, Il déploie ses ailes et le prend, le soutient sur son pennage. Le Seigneur seul le conduit » (Deut. 32, 10-12).

« Vous serez comme des nourrissons que l'on porte sur son bras, que l'on caresse sur ses genoux. De même qu'une mère console son enfant, moi-même je vous consolerai » (Isaïe 66, 10-14).

Le Seigneur fait ainsi connaître sa puissance de tendresse à ceux qui se savent immensément aimés.

« Je le guérirai, je le consolerai, je le comblerai de réconfort, lui et ses affligés, en faisant éclore la louange sur leurs lèvres » (Isaïe 57, 18-19).

Dans sa tendresse, Dieu nous accompagne à travers les événements, qu'ils soient épreuves ou joies. Il nous appelle à nous abandonner comme le Fils Bien-Aimé sur la Croix. Il nous appelle à vivre dans l'action de grâces.

« En tout temps, à tout sujet, rendez grâce à Dieu le Père au nom de Notre-Seigneur Jésus-Christ (Éph. 5, 20).

« Soyez toujours dans la joie, priez sans cesse, rendez grâces en toute circonstance, car c'est la volonté de Dieu à votre égard dans le Christ Jésus » (I Thess. 5, 16-17).

Le Seigneur est dans la joie lorsque nous avons l'audace de lui demander avec la folie de la confiance les grâces les plus impossibles. Dans sa sagesse, il nous réserve l'inimaginable. De toute façon, Dieu donne au centuple en ce monde ou en la Vie qui ne finit pas. Demandons-lui cette foi à transporter les montagnes, rappelons-nous que le père nous écoute toujours. Alors, il nous donnera à profusion et nous pourrons le glorifier à la mesure même de notre faiblesse.

Et « en couronnant nos mérites, il couronne ses propres dons ». (Préface des saints.)

Prière d'abandon et d'action de grâces

« Ô Jésus, à ton Cœur je confie...
Regarde, puis fais ce que ton Cœur te dira.
Laisse agir ton Cœur.
Ô Jésus, je compte sur Toi, je me fie à Toi.
Je m'abandonne à Toi, je suis sûr de Toi. »

(Prière de sainte Madeleine Sophie Barat,
la prière préférée de ma mère.)

La louange, manifestation de l'abandon

Pourtant, avant de regarder les dons du Seigneur pour l'en remercier, peut-être devrions-nous fixer notre regard sur le Donateur de tout bien, notre Père, pour le louer.

« Ô abîme de la richesse, de la sagesse et de la science de Dieu !

Que ses décrets sont insondables et ses voies incompréhensibles !

Qui, en effet, a jamais connu la pensée du Seigneur ?

Qui en fut jamais son conseiller ?

Ou bien, qui l'a prévenu de ses dons pour devoir être payé de retour ?

Car tout est de lui et par lui et pour lui.

À lui soit la gloire éternellement. Amen » (Rom. 11, 33).

Le Seigneur est dans la joie lorsque ses enfants croient à la toute-puissance de sa bonté, à la démesure de sa tendresse.

La louange nous fait accepter le présent pour ce qu'il est. La puissance du Seigneur fait parfois irruption dans une situation difficile et la modifie ; ce changement est le résultat et non le but de la louange. Louer Dieu, c'est le traiter en Dieu, c'est mettre notre plaisir en Lui, de façon désintéressée. Ne pas lui dire : je te loue et après tu me bénis !

« Fais de l'éternel tes délices et Il t'accordera ce que ton cœur désire » (Ps. 37, 4). C'est-à-dire : nous trouvons notre plaisir en Dieu, alors nous découvrons que le reste est secondaire et non essentiel.

Dans la louange toujours et partout.

Un de mes amis ne cesse de louer le Seigneur dans tout ce qui lui arrive et toutes situations même pénibles, au lieu de se plaindre et de maugréer. Sa foi intense lui rappelle que Dieu réalise son plan de sagesse à travers chaque détail de nos vies. Un jour, sa voiture percute un arbre, elle est inutilisable. Il était seul et sort indemne.

Il se met à louer Dieu et ajoute : « Me voilà bien, Seigneur... Maintenant, comment vais-je travailler à ton service sans voiture ? » (Il travaille auprès des alcooliques et n'a pas les moyens de s'acheter une nouvelle voiture.)

Il parle de son souci à un ami. Celui-ci après réflexion lui propose de venir chez lui pour essayer l'une de ses deux voitures, qui ne lui sert pas.

– Si tu veux, tu la prends, lui dit-il.

– Pour quel prix ?

– Tu fais un si magnifique boulot, je te la donne. Essaie donc cette voiture, elle est à toi.

Ouvert à la Force de l'Esprit et la prière de Marie, prends la décision de bénir et remercier Dieu, présent en tout ce qui t'arrive.

Remplace toute plainte par l'action de grâces.

Tu trouveras le plus court chemin de la sainteté et du Bonheur.

Laisse ma Tendresse accomplir son œuvre en toi et par toi.

Certitude d'être aimé jusqu'à la fin (action de grâces et louange jusqu'à la mort).

Voici une méditation du Père Auguste Valensin sur la mort :

« Les sentiments que je voudrais avoir à cette heure : penser que je vais découvrir la Tendresse. Il est impossible que Dieu me déçoive (et l'hypothèse seule est énorme) !

J'irai à lui et je lui dirai :

Je ne me prévaux de rien sinon d'avoir cru en votre bonté. C'est bien là ma force, toute ma force, ma seule force.

Si cette force m'abandonnait, si cette confiance en l'amour me désertait, tout serait fini car je n'ai pas le sentiment de vouloir surnaturellement quoi que ce soit. S'il faut être digne du bonheur du ciel pour l'avoir, c'est à y renoncer.

Plus je vais, plus je vois que j'ai raison de me représenter mon Père comme l'Indulgence infinie. Que les maîtres spirituels disent ce qu'ils veulent, parlent de justice, d'exigence, de crainte, mon juge à moi, c'est celui qui tous les jours montait sur la tour et regardait si l'enfant prodigue lui revenait. Et qui ne voudrait être jugé par lui ?

Saint Jacques écrit : "Celui qui craint n'est pas encore parfait dans l'amour."

Je ne crains que Dieu, mais c'est moins encore parce que je l'aime que parce que je suis aimé de lui.

Je n'éprouve pas le besoin de me demander pourquoi mon Père m'aime ou ce qu'il aime en moi... Je serais d'ailleurs fort embarrassé pour répondre ; même strictement dans l'incapacité de répondre. Il m'aime parce qu'Il est l'Amour et il suffit que j'accepte d'être aimé de Lui pour l'être efficacement. Mais il faut que je fasse ce geste personnel d'accepter.

Cela c'est la beauté même de l'amour qui le veut.

L'amour ne s'impose pas, il s'offre : "Ô, mon Père, merci de m'aimer !" Et ce n'est pas moi qui crierai que je suis indigne ! En tout cas, m'aimer, moi, tel que je suis, voilà qui est digne de vous, digne de l'amour essentiellement gratuit ! Oh ! cette pensée m'enchante ! me voilà bien à l'abri des scrupules, de la fausse humilité décourageante, de la tristesse spirituelle. On pense d'ordinaire trop à soi et pas assez à Lui. Parfois on a comme peur de faire Dieu trop bon, c'est-à-dire trop beau.

"Il est bon mais il n'est pas faible", dit-on.

Faible par amour, mon Père en est plus grand et plus beau ! La Croix me donne raison. »

(11 septembre 1937.)

Des enfants aussi découvrent la tendresse de Dieu. Je demande à des enfants de CE2 : « Qui peut donner une définition du Paradis ? » Isabelle lève la main : « C'est une merveilleuse surprise que Dieu nous réserve. » Je n'avais jamais entendu une telle réflexion sur le Ciel !

Ce que le Père attend de toi, c'est une confiance éperdue.

À la mort, pour ta défense, tu auras ma Miséricorde.

CHAPITRE IX

Au plus intime de mon être, Il est Source qui veut déverser sur le monde

LA Vie divine, Source d'amour trinitaire, nous habite à chaque moment du jour et de la nuit ; y croire ne serait-ce pas déjà le Ciel ?

« Ne savez-vous pas que vous êtes le Temple de Dieu et que l'Esprit de Dieu habite en vous ? » (I. Cor. 3, 16).

Nous participons à la prière et à l'action du Christ dans la mesure où nous restons branchés sur lui, l'unique fécondité de nos vies. « Sans moi, vous ne pouvez rien faire » (Jean 15, 5).

Avec le Christ en nous, dans l'Esprit, nous devenons détenteurs de sa Prière : « Abba ! Père ! »

Avec le Christ en nous, nous devenons détenteurs du Cœur de Dieu, de sa puissance d'aimer. « Ne sais-tu pas que je suis dans le Père et que le Père est en moi ? » (Jean 14, 10).

Le Christ Jésus reçoit tout du Père, il partage sans limite la puissance du Père ; la plénitude de sa Vie s'écoule de lui en nous à la mesure de notre soif. Si nous participons régulièrement à l'Eucharistie, toutes les grâces du Christ déferlent sur nous, au point que sa parole nous surprend : « Celui qui me mange vivra par moi » (Jean 6, 57).

Cette Vie divine que Jésus reçoit du Père, nous avons à nous y ouvrir pour recevoir cette Parole, cette miséricorde, cette tendresse avant de la transmettre.

> « Nous avons à être des récepteurs d'amour avant d'être des transmetteurs, aime à répéter Mgr Mathieu, Canadien.
>
> Il témoigna de sa conversion quand, très pris par ses activités, tous les jours, il priait ainsi : « Comment se fait-il, que dans notre Église catholique, il y ait des gens qui donnent toutes leurs énergies avec parfois peu de fruits, semble-t-il ? » Ce fut sa prière pendant longtemps. Et, un jour, il entend une parole intérieure de la part de Dieu : « Et, si l'on me consultait, peut-être aurais-je quelque chose à dire. » Cela a été si fort pour lui qu'il s'est arrêté plusieurs années pour consulter l'Esprit Saint.

Peut-on interpréter dans ce sens le passage de l'Évangile de la pêche miraculeuse ? Oui, semble-t-il. Les apôtres se donnent beaucoup de peine, toute la nuit, sans rien prendre. Jésus arrive, ils l'écoutent et font ce qu'Il dit – du coup leur filet se remplit à craquer.

La source d'amour trinitaire, jaillissant du Cœur du Christ en moi, Jésus veut la déverser sur le monde. Elle est une énergie qui veut irriguer tout notre être.

Le Christ me dit : diffuse ma Présence.

La Tendresse reçue, nous ne pouvons plus la garder pour nous, nous avons à la laisser œuvrer en nous, dans les détails de nos vies, pour tout submerger. L'amour du Christ nous presse.

Reconnaître ce dynamisme présent en nous comme une petite graine que nous avons à semer.

Cette Présence trinitaire en Jésus agit selon notre foi. Nous n'avons plus à la chercher au-dehors, le Christ est là où je suis. Il est une source qui veut jaillir : « Celui qui croit en moi, des fleuves d'Eau vive jailliront de son sein. Jésus parlait de l'Esprit Saint que devaient recevoir ceux qui croient en lui » (Jean 7, 39).

Jésus frappe à la porte de notre cœur comme un mendiant. Je suis là en toi, j'ai besoin de toi, semble-t-il dire. Ma volonté est de te combler pour combler les autres avec toi. Mais, pour cela, il est important de boire longuement à cette Source d'eau vive et de nous mettre à la disposition de Dieu. Il veut se servir de nous pour sauver le monde non pas par nos actions, mais par sa Vie en nous et avec nous. Laisser agir Dieu, c'est devenir lumière du monde.

Seigneur ? sers-toi de tout ce que j'ai, de tout ce que je suis et fais ce que tu veux.

Vivre par le Christ au point que tout en nous soit jaillissement de la Présence trinitaire aurait une fécondité inconcevable dans les vies les plus actives ou les plus cachées aux yeux des hommes. C'est la contemplation dans l'action ; c'est l'unification de tout notre être en Dieu.

Évangéliser, c'est d'abord être habité par une Présence.

Quelle force sort du Christ en nous, chaque fois que nous prenons conscience de cette Vie !

Ma main, c'est ta main, ma bouche, c'est ta bouche, mon regard, c'est ton regard. Va ! Marche sur l'eau comme Pierre, les yeux fixés sur Moi.

Porter partout la bonté du Christ.

Nous venions de contempler l'icône [voir notre couverture] dans le groupe de prière. Quelqu'un prend la parole : « Je me sens guéri par la miséricorde de Dieu, le Seigneur la confie à tous. Dès que nous nous séparerons nous aurons à porter cette bonté partout où nous passerons.

Jésus, que toutes nos rencontres deviennent des visitations.

Cette source jaillit du Cœur de Dieu en nous, priant pour les autres

Où que nous soyons, dans l'action ou sur un lit d'hôpital, nous pouvons par notre union au Christ atteindre le monde entier. Des priants dans le monde, des malades, le savent, ils prennent en charge tel prêtre, tel apôtre, telle religieuse. Les permanents de SOS prière se relaient 24 h/24 pour répondre aux appels ; ils le savent bien, eux aussi.

Réconfortés par les autres.

Pour ma part, je puis témoigner : lorsque j'ai besoin de lumière ou de force pour me rendre à la prison, ou pour accomplir telle ou telle action difficile et répondre à l'appel du Christ, recourir à un ou plusieurs frères et sœurs en prière me réconforte chaque fois.

N'avons-nous pas alors à « nous laisser saisir par le Christ » dans l'oraison et le laisser agir ?

Pour nous pénétrer de la miséricorde et la communiquer, n'est-il pas bon de la respirer avec Marie, par la prière du cœur : « Jésus, Tendresse du Père. » Nous en imprégner dans nos journées, nous rappelant que son amour est premier ; pour le donner, il faut nous y ouvrir, l'accueillir, le capter pour ainsi dire. Les hommes ont faim de pain, d'amitié, mais ils ont aussi faim de Dieu.

Dieu a besoin de nous pour donner sa Vie aux hommes. Au milieu du monde, Jésus, fais que je sois ton sourire, ton Cœur, ta prière pour tous ceux que je rencontre, les déshérités de toutes sortes, les pécheurs. Que tous soient sauvés par ton Nom, Seigneur Jésus, par ton Esprit.

« Tout ce que vous faites au plus petit d'entre les miens, c'est à moi que vous le faites », dit Jésus (Mat. 25, 40). C'est encore plus vrai en ce qui concerne la prière.

Enfanter à la Vie divine.

« Je ne fais plus rien », me disait une personne, mère de nombreux enfants, malade et impuissante, je ne peux plus rendre service, la vieillesse ne peut se guérir. C'est vrai, mais le plus beau cadeau, le plus fécond aussi (pour une personne complètement donnée comme elle l'est) n'est-il pas de prier pour ceux qu'on aime, demander au Christ de déverser ce torrent de grâces qu'il reçoit du Père ?

Un jour, l'Esprit Saint me pousse à lui dire : « Tu as mis au monde neuf enfants et tu as d'innombrables petits et arrière-petits-enfants. Quelle fécondité ! Je pense que tu peux maintenant être incomparablement plus féconde encore. Le Seigneur t'appelle à les enfanter à la Vie divine. Tu les as enfantés dans la douleur, tu les enfantes maintenant à la Vie surnaturelle en unissant ta vie et tes souffrances à celles du Christ. »

Cette vérité l'apaise. Des baptêmes inattendus la réconfortent par la suite.

Même dans nos nuits d'insomnie, nous pouvons offrir au Christ le cadeau de la prière pour tel ou tel.

Pensons-nous à cela aussi en lisant le journal, en écoutant la radio ou en regardant la télévision ?

Ne sommes-nous pas de ceux que Dieu appelle à exercer ce ministère invisible d'intercession pour le monde ?

Mgr Mathieu raconte qu'un prêtre est venu lui dire :

– J'avais une grande paroisse et maintenant mon évêque ne m'a donné qu'une toute petite paroisse, je me sens encore des forces vives !

– Voulez-vous faire remonter les intentions qui vous viennent dans le cœur, dit Mgr Mathieu.

– Je pense maintenant à tous les affamés du monde.
– Prenez-les dans votre prière et faites-en de nouveaux paroissiens.
Le prêtre énumère ainsi beaucoup d'autres démunis. Mgr Mathieu l'invite chaque fois à les adopter comme paroissiens.
– Et maintenant, faites l'addition. Croyez-vous que vous n'avez pas une immense paroisse, plus que jamais ? Aviez-vous le temps de prier quand vous aviez votre grande paroisse ?
– Non !
– Et maintenant ?
– Oui, maintenant je le peux !
Le prêtre comprend et il se met à communiquer cette lumière à tous les prêtres âgés ou malades qu'il connaît pour leur annoncer cette Bonne Nouvelle d'une vie tellement féconde, grâce au ministère invisible de la prière.

« C'est trop peu que tu sois mon serviteur, je ferai de toi la lumière des nations pour que mon salut atteigne les extrémités de la terre » (Isaïe 49, 6).

En nous cette Présence est lumière et feu

Nous désirons être instrument dans la main du Christ Jésus pour annoncer cette Bonne Nouvelle : Il est vivant et Il nous aime tous.

Laissons-nous éclairer par ses paroles au point d'en vivre. « Si quelqu'un m'aime, il gardera ma Parole, et mon Père l'aimera, et nous viendrons à lui, et nous ferons chez lui notre demeure. » (Jean 14, 23).

Cette Présence demeure en nous, elle est lumière qui éclaire tout homme. « Vous êtes la lumière du monde » (Mat. 5,14).

Sois témoin de cette lumière. Rends heureux ceux qui t'approchent ; qu'en toi, ils découvrent Ma Présence.

« Est-ce que la lampe est faite pour être mise sous le boisseau ? N'est-ce pas pour être mise sur son support... », dit Jésus (Marc 4, 21).

La flamme d'une bougie éclaire sans le savoir et sans chercher à éclairer.

Après son baptême, une personne confie :

Mon patron m'a dit :

– Avant tu étais un fainéant, maintenant tu es devenu le meilleur de mes ouvriers, je vais finir par me convertir moi aussi.

Comme la bûche dans le feu, en Jésus lumière et chaleur se transmettent.

« Jésus reçoit l'Esprit sans mesure » et nous le communique.

L'Esprit ne cesse de nous indiquer la route à suivre pour devenir à notre tour sa présence pour les autres, celle de la tendresse, de la bienveillance. Ceci, à force de la recevoir, de laisser le Christ l'insuffler en nous par la prière et les sacrements. Ne faudrait-il pas que tout notre être devienne le Christ pour les autres, puisqu'Il vit en nous ?

Après l'Eucharistie, nous pourrions dire avec saint Paul : « Ce n'est plus moi qui vis, c'est le Christ qui vit en moi » (Gal. 2, 20). Parfois je pense en rencontrant les plus démunis : « Je n'ai ni or ni argent, mais ce que j'ai, je te le donne » : Jésus-Christ.

Si la lumière du Christ demeure en nous, sa bonté pourra sa déverser pour atteindre les autres. Tendons la main à Dieu. Mendions ce qu'Il veut donner par nous.

Au-dedans de nous, Dieu est un Feu. Que fait le feu ? Il éclaire, il réchauffe, il brûle tout sur son passage. Ce Feu de l'Esprit nous habite.

« Viens Esprit de Sainteté, viens Esprit de Lumière, viens Esprit de Feu, viens nous embraser. »

Jésus, fais-nous, en toute rencontre, accueillir et communiquer ton Esprit Saint. Que la lumière jaillisse de ta Vie en nous.

Présence invisible est en nous, Source de vie.

Un jour, je me fais l'avocat du diable au catéchisme du CE2 et dis aux enfants :

– Nous savons que Jésus est vivant, mais moi, je ne l'ai jamais vu ?

Éric lève le doigt pour parler :

– Mais si, je le vois souvent ; hier, par exemple, je l'ai vu dans la rue. Quelqu'un a aidé une dame âgée à porter ses paquets très lourds.

Comme cet enfant, devenons les sourciers de Dieu, découvrons en toute personne le germe divin qui habite en elle.

Donner, c'est aussi recevoir. Est-ce que j'attends quelque chose des autres, des plus démunis ? Suis-je dépouillée de moi-même et pauvre de cœur devant eux ? En leur donnant du chocolat par exemple, suis-je capable d'un mot, d'un sentiment d'admiration, d'un sourire ou même d'une poignée de main ? Cela permet une relation, un partage d'amitié et supprime un sentiment de supériorité. À force de rejoindre la Présence du Christ en nous, nous le découvrirons plus facilement dans les autres, ainsi que l'action de son Esprit dans leur vie. Cette attitude gommera nos divisions et nous rassemblera peu à peu.

> Je conversais avec un mendiant, quelle ne fut pas mon admiration de l'entendre dire : « Regardez (il sort de son veston l'Évangile de saint Jean), j'ai ce livre, je le lis et le relis indéfiniment ! »

Emmenons Jésus avec nous. Servons le Christ en servant les autres. Regardons-le en les regardant. Si notre sourire apportait la douceur et la chaleur du Cœur du Christ, s'il portait Dieu aux hommes et les hommes à Dieu !

Simone Pacot (ancienne avocate, elle anime aujourd'hui sessions et retraites) dit ceci : « Permettre à la Présence de s'établir au cœur de toute situation, Lui donner les rênes, ensuite nous fier à sa sagesse. Nous ne pouvons rien faire de meilleur. J'en ai la certitude. »

Dans notre quotidien, cette Présence est puissance de Vie qui sort du Christ en nos cœurs. Actuellement, il passe encore en faisant le bien, lorsque nous restons en contact avec lui.

Avant d'écrire, de téléphoner, d'agir, j'aime recevoir la grâce de me rappeler la Présence en moi du Cœur du Christ qui veut se déverser à travers moi. Je l'oublie, hélas, si souvent dans le feu de l'action !

Quel beau cadeau à faire : celui de la présence trinitaire à introduire, ou plutôt à laisser passer, tout au long de nos jours. La Vie du Christ jaillirait alors pour transporter les montagnes de peur, d'angoisse et de maladies de toutes sortes. Il ne serait absent d'aucun événement.

« Cette parole de l'Écriture, c'est aujourd'hui qu'elle s'accomplit » (Luc 4, 21).

Seigneur, mets à l'œuvre la puissance de ta Présence, de ton Regard, de ta Lumière, de ta Parole, de ton Esprit dans telle situation, tel conflit, telle rencontre, telle difficulté.

Oui, Jésus vient encore aujourd'hui pour guérir et pour sauver

Partout où il passait, il faisait le bien. « Une force sortait de lui et les guérissait tous » (Luc 6, 19).

Jésus passe-t-il à travers nous ? Par nous, visite-t-il les malades, console-t-il ceux qui pleurent, soulage-t-il ceux qui souffrent ?

« Celui qui croit en moi fera lui aussi les œuvres que je fais, il en fera même de plus grandes, parce que je vais au Père » (Jean 14, 12).

La Bonne Nouvelle, c'est le Christ au-dedans de nous, l'acceptons-nous comme Sauveur, acceptons-nous sa présence agissante ?

Joie de retrouver la présence de Jésus.

En revenant de faire des courses, je rencontre une personne remplie de bonté pour tous.

– Pour le jour anniversaire de ma profession, voudriez-vous me faire un beau cadeau, lui demandais-je ?

– Bien sûr, répond-elle.

– Ce serait de venir participer avec nous à la messe de jubilé.

Elle rencontre un prêtre, puis nous accompagne à l'Eucharistie.

Depuis longtemps elle priait, sans oser retourner à la messe. Depuis, elle y retourne régulièrement, elle est devenue témoin de la miséricorde de Dieu et peu à peu ramène d'autres personnes au Seigneur.

Ne sommes-nous pas, nous Chrétiens, le prolongement de Jésus pour toucher et guérir ? Pourquoi sommes-nous parfois surpris qu'Il se serve de nous ? Pourquoi, à cause de notre indignité, refuser de nous laisser embaucher par le Christ ? Il suffit de nous réfugier dans notre faiblesse, alors la Toute-Puissance de la Tendresse agira.

Le Père donne sans limite, sans réserve, sans condition, y croire est le commencement de la foi. Nous avons tendance à lire les Évangiles seulement comme des faits historiques, mais le Christ ne change pas. Il est le même hier, aujourd'hui, comme Il le sera demain. Sa puissance ne change pas plus. Il veut toujours guérir, sauver et délivrer ; aucun homme n'a ce pouvoir par lui-même. Il veut nous délivrer de tout ce qui nous empêche de vivre notre vie avec Dieu.

Pour devenir canal de Dieu pour les autres, nous avons donc à accueillir la charité du Christ dans nos cœurs, sa bienveillance, sa bonté, sa miséricorde et chasser tout ressentiment. Tous, nous avons besoin d'une guérison de notre cœur de pierre pour accueillir le Cœur de chair de Jésus.

À cause de sa tendresse, croyons que Dieu peut se servir de nos prières pour guérir. L'Esprit Saint vient en aide à notre faiblesse lorsque nous ne savons pas prier. Il est important de louer et de rendre grâces, puisque Dieu nous exauce toujours selon sa sagesse.

« Si nous voulons aider les autres, il nous faut tenir Dieu par une main et l'homme par l'autre, ne nous séparant jamais ni de l'amour de Dieu, ni de l'amour de l'homme, lequel d'ailleurs se confond avec l'amour de Dieu *. »

La foi du pauvre touche le cœur de Dieu.

Lors d'une réunion de prière, les seize détenus présents s'aperçoivent de ma difficulté à me baisser (mon médecin m'avait ordonné vingt séances de kiné).

L'un d'eux prend la parole :

– Sœur Cécile, d'habitude vous demandez qui aimerait qu'on prie pour lui ? Aujourd'hui permettez-nous de prier pour vous.

* Père O. Mélançon, *Guérisons et Renouveau charismatique* (éd. Résiac).

Et ils se mettent à prier de tout leur cœur pour que je sois soulagée. De fait, dès le lendemain, je ne souffrais plus du tout.
Efficacité de la prière des pauvres, dont la foi touche le Cœur de Dieu. Merveille de bonté de la part de prisonniers qui se détournent de leurs propres épreuves pour penser à soulager autrui.

Accueillir de la main de Dieu tous les instants de nos journées, c'est découvrir sa bonté dans les détails de nos vies. Alors nous pourrons chanter : « Tout vient de toi, ô Père très bon, nous t'offrons les merveilles de ton amour. »

« Ô Esprit Saint, Amour du Père et du Fils,
Inspirez-moi toujours
ce que je dois penser,
Ce que je dois dire – comment le dire.
Ce que je dois taire
Ce que je dois écrire
Comment je dois agir – ce que je dois faire
Pour procurer votre gloire – le bien des âmes
et ma propre sanctification.
Ô Jésus, toute ma confiance est en vous. »

(Prière du cardinal Verdier.)

CHAPITRE X

Ose la confiance
Va ! Je suis avec toi

« SI quelqu'un a soif, qu'il vienne à Moi et qu'il boive ; celui qui croit en Moi, des fleuves d'eau vive jailliront de son cœur. Il parlait de l'Esprit que devaient recevoir ceux qui croient en lui » (Jean 7, 39).

« De quoi ai-je soif ? Voilà toute la question. Des plaisirs de la terre ou du bonheur sans fin ?

Ce bonheur, cette béatitude éternelle est réservée à ceux qui croient en la Bonté de Dieu.

Jésus, Présence du Père.
Jésus, Tendresse pour la terre.
Jésus, l'Esprit de miséricorde repose sur toi.

« Nul ne peut venir à moi si le Père qui m'a envoyé ne l'attire » (Jean 6, 43).

Attirés par le Père, nous allons à Jésus-Christ. Il veut être en nous avec sa toute-puissance de Vie pour arracher les hommes à leur esclavage, à leur détresse. Laissons-Le devenir comme une nouvelle incarnation en Le laissant vivre en nous sa prière, sa parole, ses actions, ses fatigues, sa mission, sa soif de révéler la bonté du Père.

Tous reçoivent cette grâce s'ils acceptent et décident de venir s'exposer à la tendresse de Dieu.

La lumière ouvre à la tendresse.
À la prison de la Santé, l'aumônier au début de l'Eucharistie propose de faire la lumière en soi pour s'y préparer.
Un des détenus se lève calmement. Il dit :
– Aujourd'hui je veux faire la lumière devant Dieu et devant mes frères.
Il commence une longue liste des mauvaises choses qu'il a faites dans sa vie. Le prêtre l'arrête et lui dit :
– Tu veux encore dire quelque chose ?
– Oui.
– Alors je viendrai te voir.
Inutile de dire combien l'assistance est émerveillée.
Il y a plus de joie au ciel pour un seul pécheur qui fait pénitence que pour 99 justes qui n'ont pas besoin de pénitence.

Découvrir la tendresse de Dieu, c'est se savoir lancé dans une miséricorde universelle. En effet les amoureux de Dieu s'ouvrent complètement au souffle de Dieu, cet Esprit répandu dans leur cœur pour le déverser sur le monde.

Paradoxalement, nous nous découvrons aimés d'un « amour jaloux » et en même temps la Miséricorde veut se déployer à travers nous.

« J'ai soif », dit Jésus. Quand donc les hommes comprendront-ils jusqu'à quel point je les aime !

Découvrons chaque matin la Tendresse qui nous habite. Découvrons-la aussi chaque soir quand les fautes nous accablent. Venons nous réfugier en lui, notre Père. Il est pardon. Nous exposer à sa Vie dans le Saint-Sacrement, la manger du regard, avant de nous en nourrir dans l'Eucharistie... Ce Feu brûlera nos cœurs. Il nous dira : n'aie pas peur, va ! Je vis en toi. Je suis le Feu allumé sur la terre. Laisse-la brûler de ce feu.

Laisse-toi transformer par l'Esprit.

Laisse-toi traverser par cette Présence, cette Puissance, pour bénir, conforter, apaiser, éclairer, soulager, guérir et sauver tout sur ton passage. Sois porteur de ma Présence. Deviens lumière du Christ.

Si tous nous pouvions comprendre la tendresse d'un Dieu constamment penché sur les assoiffés ; si les découragés et les pécheurs du monde découvraient la Miséricorde dont ils sont enveloppés, ils ne tarderaient pas à tenir leurs yeux fixés sur cette bienveillance, ils basculeraient dans le Cœur de Dieu, dans l'abandon total entre ses mains.

Ils n'hésiteraient pas à dire : Père, notre Père plein de tendresse, que ton Nom soit sanctifié, connu, aimé sur toute la terre, que ton règne de bonté s'établisse, que ta volonté toute-puissante de tendresse s'accomplisse...

À leur tour, ils laisseraient cette tendresse émerger de leur cœur. À leur tour, ils seraient fleuve d'eau vive, promis par Jésus à tous les assoiffés de sa présence ! Et Jésus à nouveau resplendirait dans les ténèbres.

« Seigneur Jésus,
Inonde-moi de ton esprit et de ta vie,
Prends possession de tout mon être
Pour que ma vie ne soit qu'un reflet de la tienne.

Rayonne à travers moi, habite en moi,
Et tout ceux que je rencontrerai
Pourront sentir ta présence auprès de moi.
En me regardant ils ne verront plus que toi seul,
Seigneur !

Demeure en moi et alors je pourrai
Comme toi rayonner
Au point d'être à mon tour
Une lumière pour les autres,
Lumière, Seigneur,
Qui émanera complètement de toi.
C'est toi qui, à travers moi,
Illuminera les autres.

Ainsi ma vie deviendra une louange à ta gloire,
La louange que tu préfères,
En te faisant rayonner sur ceux qui nous entourent,
Par la plénitude éclatante de l'amour
Que te porte mon cœur. »

(Prière du cardinal Newman.)

CHAPITRE XI

Deviens ce que tu contemples

« Nous savons que lorsqu'il paraîtra, nous lui serons semblables, parce que nous le verrons tel qu'il est » (I Jean 3, 2).

Icône, tu me fascines, dis-moi ton Nom !

Je suis ton Père, ton Créateur, ton Re-créateur, ton Sauveur, ton Rédempteur, tel est mon Nom depuis toujours.

Mes deux mains qui te couvrent sont celles du « Verbe par qui tout a été fait » et de l'Esprit « qui achève toute sanctification ».

« Nous sommes l'argile et toi notre potier, nous sommes tous l'ouvrage de tes mains » (Isaïe 64, 7).

Mon amour trinitaire enveloppe ton indigence avec tendresse. Elle te façonne. À chaque instant je suis là, plénitude de vie, de bonté, de lumière, de miséricorde.

Regarde Jésus : sa naissance, son action, sa passion, sa mort sur la croix, sa résurrection, tout cela pour toi. Souviens-toi et tu comprendras qui Je suis. « Dieu a tellement aimé les hommes qu'Il leur a donné son Fils unique afin que quiconque croit en lui ne périsse pas, mais ait la Vie éternelle. » (Jean 3-16.)

Peu m'importe ta faiblesse, ta pauvreté. Ta foi glorifie mon Cœur si, après tes chutes, tes rechutes, tes fautes mêmes, tu te tournes vers Moi. Mon désir est de pardonner, je me repose en pardonnant.

Je veux que tous viennent à Moi, c'est pour eux que je suis venu. Leur confiance et leur amour efface tout. Alors, je les recrée. Les plus misérables sont les mieux reçus.

Je ne te demande pas de mériter les grâces que je te donne, ce que je désire, c'est que tu les reçoives. Aucune faute, si grave soit-elle, ne doit jamais te séparer de Moi.

Jette ton orgueil à la poubelle.

> « J'étais athée en entrant à la prison, dit un ancien détenu ; j'ai commencé à boire très jeune, ce qui a entraîné ma chute. Je suis maintenant horticulteur et médite la parabole de la « semence ». Lorsqu'on plante une graine comme le Seigneur l'a fait pour moi, cela a des conséquences inouïes, mais après il faut travailler pour la voir pousser. Une chose est sûre, il faut faire confiance : moi, le pauvre, je ne pouvais pas croire en l'amour de Dieu pour moi ! Grâce à sa miséricorde, j'ai pu maintenant construire un foyer avec des enfants à qui je peux faire connaître l'amour de Dieu. J'ai un enfant de 18 mois qui prie à genoux... Quand un père

voit son fils se mettre à genoux, c'est quelque chose de merveilleux. Si seulement les adultes avaient un cœur d'enfant ! Le Seigneur me demande l'humilité : jette ton orgueil à la poubelle. Les groupes de prière, l'aumônier ont été l'instrument de Dieu, ils m'ont sauvé. J'ai été accueilli dans une communauté de prière, on m'a adopté. Qui fait confiance au Seigneur obtient tout de Lui. J'ai reçu le pardon de Dieu, puis Il m'a conduit. Il nous reçoit à bras ouverts, mais il faut Lui tendre la main, sinon il ne peut rien. Il me dit : laisse-toi faire. Il nous dit à tous : aimez-vous les uns les autres. »

Mon Nom est Tendresse, comment peux-tu, toi aussi, devenir tendresse ?

Bien que tu ne sois rien et pécheur, je veux me servir de toi. Pour cela je te donne mon Esprit. Sans moi, tu ne peux pas aimer. Je peux ce que tu ne peux pas. Je ferai tout, même l'impossible, si tu restes dans mes mains, tel l'enfant dans les bras de son père. Demeure en moi, tu seras fort de ma force même, et ma puissance sera la tienne. Tes fragilités ne t'éloignent pas de moi, ce sont elles qui ont fixé mes yeux sur toi. « Va donc, je serai avec toi quand tu parleras, je t'enseignerai ce que tu auras à dire » (Deut. 8, 17).

Paul nous le rappelle : « Le Christ m'a envoyé annoncer l'Évangile et sans recourir à des dons oratoires » (I Cor. 1, 17). « Je ne suis pas venu avec l'habileté du langage ou de la sagesse. J'étais faible, inquiet, craintif. Ma parole n'avait rien de l'éloquence, mais c'était une démonstration de l'Esprit et de la force de

Dieu, afin que ma foi soit fondée non sur la sagesse des hommes mais sur la puissance de Dieu » (I Cor. 2, 4).

« Ce qui n'est rien, voilà ce que Dieu a choisi pour couvrir de confusion ce qui est fort... afin que personne ne puisse s'enorgueillir » (I Cor. 1, 27).

Ces paroles rejoignent celles de l'Ancien Testament :

« Ne crains pas, je suis ton bouclier. »

« Je suis avec toi, je te garderai partout où tu iras et te ramènerai en ce pays, car je ne t'abandonnerai pas que je n'aie accompli ce que j'ai promis » (Gen. 28, 15).

« Le Seigneur est au milieu de toi... Il te renouvellera par son amour » (Soph. 3, 17).

Le Seigneur me dit : je te donne mon Cœur. Si tu as soif, j'habite en toi. Dans ton indigence, je désire déployer ma toute-puissance et faire jaillir à nouveau des fleuves d'eau vive, c'est-à-dire l'Esprit Saint, si tu crois en Moi. Alors tes paroles seront Ma Parole, Elle touchera les cœurs, ta vie sera Ma Vie, elle éclairera, apaisera, soulagera, sauvera, elle manifestera ma tendresse. Tous découvriront combien je les aime et désire leur pardonner.

Contemple longuement cette icône, tu découvriras l'immensité de ma bonté pour les petits, les pauvres, les pécheurs ; tu découvriras la Tendresse jaillie du Cœur du Père, elle t'enveloppe à chaque instant et enveloppe toutes les créatures. Laisse-la circuler. Sois témoin de mon amour. Redis avec moi : « Père, que l'amour dont tu m'as aimé soit en eux et Moi aussi en eux » (Jean 17, 26).

« Père, Seigneur du Ciel et de la Terre, je proclame ta louange, ce que tu as caché aux sages et aux savants, tu l'as révélé aux tout petits. Oui, Père, tu l'as voulu ainsi dans ta bonté » (Luc 10, 21).

Avec Marie,
au Nom de Jésus
Notre Père, Dieu de tendresse et de bonté,

– pour que ton Nom soit sanctifié,
– pour que ton règne vienne,
– pour que ta volonté se fasse

envoie le souffle de ton Esprit
sur nous et sur le monde

– pour que nous partagions ton pain,
– pour que nous pardonnions comme tu nous pardonnes,
– pour que nous n'entrions pas en tentation
– pour que nous soyons délivrés de tout mal

envoie le souffle de ton Esprit
sur nous et sur le monde.

Jésus, dans son amour inépuisable, ton Père donne plus que nous n'osons demander.

Daigne envoyer encore le souffle de ton Esprit sur ceux qui ouvriront ce livre.

Que la contemplation de la tendresse du Père les saisisse, quelles que soient leurs épreuves.

Je les confie à ta bonté. C'est maintenant l'heure de ta grâce.

Amen.

CHAPITRE XII

Sauvés dans le Christ

« Un des soldats lui perça le côté, aussitôt il en sortit du sang et de l'eau »

(Jean 19, 34)

Pourquoi ce dernier chapitre

Il semble qu'à l'aube de ce 3e millénaire, nous avons tous besoin de redoubler de confiance en Notre Sauveur.

Beaucoup ploient sous le poids des épreuves.

Plus que jamais, se savoir sauvés dans le Christ et en Lui seul, ressuscité, toujours vivant, nous semble une urgence.

Après la signature d'Augsbourg du 31 octobre 1999, la joie est grande de nous retrouver, luthériens et catholiques, pour affirmer ensemble que le salut est l'œuvre de Dieu. Dieu peut l'offrir à travers toutes les religions reliées mystérieusement à l'unique Médiateur Jésus-Christ. Nous avons le devoir et la joie d'annoncer l'unique Sauveur Jésus-Christ, Fils de Dieu Lui-même.

Notre Sauveur devient homme en vérité, dans la plus grande humilité. Il prend sur Lui le péché du monde.

Miséricorde sans limite de Dieu à notre égard

« Le cœur transpercé nous ouvre aux profondeurs de Dieu et à la détresse de l'humanité » (Const. du Sacré-Cœur).

Dieu est fou d'amour pour nous. Chacun peut se dire : Je suis unique. Des milliards d'hommes ont existé, existent, existeront. Parmi eux, je suis là et destiné à une éternité de bonheur, si je l'accueille.

À chaque homme, Dieu dit : « Viens, je t'aime tel que tu es. Ne crains pas, j'ai posé la main sur toi. Je suis toujours avec toi. Viens, suis-moi aujourd'hui, je ne t'appelle pas à une perfection, tu la fabriquerais avec tes efforts, c'est dans ta misère que je te rejoins.

Aime-moi tel que tu es.

Je connais ta misère, les combats et les tribulations de ton âme, la faiblesse et les infirmités de ton corps. Je sais ta lâcheté, tes péchés, tes défaillances et je te dis quand même : donne-moi ton cœur, aime-moi tel que tu es. Si tu attends d'être un ange pour te livrer à mon amour, tu ne m'aimeras jamais. Même si tu retombes souvent dans ces fautes que tu aurais voulu ne jamais connaître, même si tu es lâche dans la pratique de la vertu, je ne te permets pas de ne pas m'aimer.

Aime-moi tel que tu es. À chaque instant, et dans quelque état que tu te trouves, dans la ferveur ou dans la sécheresse, dans la fidélité ou dans l'infidélité. Aime-moi tel que tu es. Je veux l'amour de ton cœur indigent ; si, pour m'aimer, tu attends d'être parfait, tu ne m'aimeras jamais.

S'il me plaît de laisser dans le néant des êtres merveilleux et de leur préférer ton pauvre amour. Mon enfant, laisse-moi t'aimer, je veux ton cœur. Je compte bien te former mais, en attendant, je t'aime tel que tu es. Et je souhaite que tu fasses de même ; je désire voir, du fond de ta misère, monter l'amour. J'aime en toi jusqu'à ta faiblesse. J'aime l'amour des pauvres, je veux que, de l'indigent, s'élève continûment ce cri : Seigneur, je vous aime. C'est le chant de ton cœur qui m'importe. Qu'ai-je besoin de ta science et de tes talents ! Ce ne sont pas des vertus que je te demande, car si je t'en donnais, l'amour-propre pourrait bientôt s'y mêler, tu es si faible, mais surtout ne t'inquiète pas de cela. J'aurais pu te destiner à de grandes choses, mais non, tu seras le serviteur inutile. je t'ai créé pour l'amour. Aime ! L'amour te fera faire le reste sans que tu y penses ; ne cherche qu'à remplir d'amour le moment présent.

Aujourd'hui, je me tiens à la porte de ton cœur comme un mendiant, moi, le Seigneur des seigneurs. Je frappe à ta porte et j'attends ; hâte-toi de m'ouvrir, n'allègue pas ta misère. Si tu connaissais pleinement ton indigence, tu mourrais de douleur. Ce qui, seul, pourrait me blesser le cœur, serait de te voir douter de moi et manquer de confiance.

Ne pose aucune action, même la plus insignifiante, pour un autre motif que l'amour. Quand il faudra souffrir, je te donnerai la force. Tu m'as donné l'amour, je te donnerai d'aimer au-delà de ce que tu as pu rêver, mais souviens-toi ! aime-moi tel que tu es. N'attends pas d'être un saint pour te livrer à l'amour sinon tu ne m'aimeras jamais » (selon un auteur inconnu). Aucune faute, si grande soit-elle, ne peut empêcher ton Dieu de tendresse de te faire miséricorde.

Thérèse va jusqu'à dire : « Oui, je le sens, quand même j'aurais sur la conscience tous les péchés qui se peuvent commettre, j'irais le cœur brisé, me jeter dans les bras de Jésus car je sais combien il chérit l'enfant prodigue qui revient vers lui. »

« La volonté de Dieu est que vous deveniez des saints » (I Th 4-3).

« Mais, Seigneur, ce n'est pas possible, j'ai tellement peur de souffrir. »

Sainte-Marguerite-Marie disait : « Ma grande souffrance, c'est de ne pas assez souffrir ! »

Tant de saints désiraient rendre amour pour amour et souffrir pour Jésus qui a tant souffert pour le salut de tous.

La Parole du prophète nous éclaire : « Parce qu'il a connu la souffrance, le juste, mon Serviteur, justifiera les multitudes. Il se chargera de leurs péchés ; il s'est dépouillé lui-même jusqu'à la mort, il a été compté parmi les pécheurs alors qu'il portait le péché des multitudes et qu'il intercédait pour les pécheurs » (Isaïe).

Il nous a rachetés au prix de son sang sur la Croix, sûr de l'amour du Père. « C'est par ses souffrances que nous sommes guéris. » C'étaient nos souffrances qu'il portait. Isaïe nous rappelle : nos souffrances, nos fautes, c'est lui qui les a prises.

Prier, c'est rencontrer notre pauvreté, découvrir notre péché ; l'oraison nous conduit à cette douloureuse expérience. Mais, face à l'amour fou de Dieu pour nous, nous essayons de « consentir paisiblement à cette pauvreté parce que nous comptons uniquement sur la Miséricorde ». « Ne crains pas car je t'ai racheté, je t'ai appelé par ton nom, tu es à moi » (Isaïe 43, I). Je t'aime et suis ton sauveur.

Alors, comment répondre à la volonté de Dieu que nous devenions des saints ? Faut-il rechercher la souffrance, les épreuves, les difficultés ? Non, sûrement pas, il suffit d'accepter celles que nous rencontrons dans nos journées. Dieu nous connaît, il connaît notre désir de l'aimer.

Dans les souffrances, les épreuves, il est là. Il nous redit : « Ne crains rien, je suis avec toi. » Fais une confiance absolue à ma Miséricorde, en cette tendresse du Père. Recevoir cette Miséricorde, voilà ce que Dieu demande. Jésus rejeté, trahi, attendait tout de son Père. Accueillir cette Miséricorde pour nous et nous laisser traverser par elle. La sainteté ne s'obtient pas à la force du poignet, mais en nous laissant envahir par la vie d'un Autre, celle de l'Esprit-Saint.

Jésus Eucharistie nous donne son Cœur de Miséricorde, afin de faire fondre notre cœur de pierre.

Il nous inonde de son Esprit de Bonté, nous donne sa Vie, afin qu'elle rayonne autour de nous.

« Voir le Cœur du Christ, c'est découvrir dans son Cœur transpercé la Plénitude de l'amour que Dieu nous porte » (Mgr Rouet).

Les constitutions de R.S.C.J. disent : « Dieu a fait resplendir sa miséricorde et sa fidélité dans le monde blessé par le péché. Il a envoyé son fils bien-aimé qui est devenu l'un de nous et a livré sa vie pour nous libérer, nous recréer et tout rassembler en lui à la gloire du Père. » Cette Miséricorde reçue « mettra en lumière la révélation de l'amour de Dieu dont le cœur du Christ est la source et le symbole ».

« Jésus, que descende sur nous ta miséricorde » peut devenir notre prière. Seule son action en nous peut toucher le cœur de tous.

Reconnaître notre misère devient une chance et un remède à la vaine gloire. Elle nous fait basculer dans la confiance totale. Cette confiance nous fait tout espérer de la Bonté de Dieu dans la Foi, celle même du Christ en Croix qui, après avoir exprimé sa détresse, se remet entre les mains du Père. Cette pauvreté radicale, avec l'impossibilité de nous en sortir seul, devient un bien. Nous ne nous appuyons que sur Dieu, nous attendons tout de lui et vivons dans l'espérance.

« Quand bien même il me tuerait, disait Thérèse après Job, j'espérerais encore en lui. » Bien entendu, nous devons tout faire pour éviter d'offenser Dieu et le prochain. Cependant, notre tendance à l'amour-propre, à l'orgueil, est si grande qu'il faut éviter à tout prix de nous approprier le bien, de l'attribuer à nos efforts. Attention aux louanges qui nous sont faites ! Tournons-nous résolument vers le Seigneur pour lui rendre grâce. Oublier que tout vient de Dieu serait catastrophique. D'où l'importance de cette confiance libératrice. Il n'y a plus qu'à nous jeter à corps perdu dans la Miséricorde éperdue.

Thérèse de l'Enfant Jésus nous apprend à accueillir nos faiblesses, à porter lamentablement nos croix. Que la Bonté du Seigneur s'y engouffre. Certains obstacles sont plutôt des moyens pour notre Foi, disait le Père Marie-Eugène. Il allait jusqu'à dire : « L'absence de vertu, tout cela est moyen... Si cette pauvreté n'existait pas, il faudrait la créer pour pouvoir s'appuyer sur elle et pénétrer en Dieu. »

À chacun, Jésus redit : « Je t'ai aimé d'un amour éternel. » Ne doute jamais de ma Bonté. « Ephraïm est-il pour moi un fils si cher, un enfant tellement préféré... pour qu'après chaque menace, je doive toujours penser à lui et que mes entrailles s'émeuvent pour lui, que, pour lui, déborde ma tendresse ? » (Jr 31, 20) et « Comment t'abandonnerai-je, Ephraïm, te livrerai-je Israël ? Mon cœur, en moi, se retourne, toutes mes entrailles frémissent... je suis Dieu et non pas homme. Au milieu de toi, je suis le Saint, je n'aime pas à détruire » (Is. 11, 8).

Notre prière du cœur peut devenir :

Jésus, à la louange de ta grâce ;
Jésus, à la louange de Ta Miséricorde ;
Jésus, au gré de ta grâce...

De nos blessures, petites ou grandes, épreuves, difficultés, accusations injustes, la prière spontanée peut devenir : Jésus, qu'importe, pourvu que ton règne vienne.

Si nous découvrions combien Jésus désire nous pardonner : « Je me repose en pardonnant », disait-il à Josefa, alors nous nous jetterions dans sa tendresse après chaque faute, comme le demandait Thérèse à ses novices. Sans cesse, Jésus nous redit : « Venez à Moi. »

Si nous avions la Foi, nous nous tournerions inlassablement vers la Source qui est en nous. Nous lui dirions : Jésus, je me glorifie d'être l'objet de ta pure miséricorde. Si les saints te glorifient par leurs vertus, moi, je veux te glorifier en rendant lumineuse l'immensité de ta miséricorde, en faisant connaître combien tu es bon pour le pécheur et que rien n'est capable d'épuiser ta Bonté.

« L'âme reçoit exactement ce qu'elle attend de Dieu », dit encore Thérèse. Et Toi, Jésus, tu mets ta gloire à être vaincu par la confiance.

La belle prière : « Jésus, Fils de Dieu Sauveur, prends pitié de moi, pécheur » aide bien des personnes.

L'Esprit-Saint m'inspire en ce moment une autre formule de prière du cœur.

En effet, une humiliation m'a bouleversée. De toute ma vie, personne ne m'avait fait de tels reproches.

L'Esprit de Lumière m'a permis de reconnaître une part de vérité dans ce qui m'a été reproché : « Vous ne vivez pas ce que vous écrivez, c'est malhonnête. »

Que faire ?

Piteusement, je quitte le bureau. Poussée par l'Esprit, je prends la plume et j'écris : « Un mot : merci, ce que vous me disiez est tellement vrai. Chaque jour, je me reproche de ne pas vivre ce que j'ai écrit, surtout dans *Aimer, c'est urgent*, malgré mon désir de le faire... »

Le lendemain, j'arrive à l'oraison encore bouleversée. L'Esprit-Saint m'inspire alors cette prière : « Jésus, Sauveur, je ne suis pas digne d'être tellement aimée de Toi. »

Je venais de découvrir la grâce d'être humiliée et, en même temps, une nouvelle formule de prière du cœur qui ne cesse de m'aider depuis ce jour.

Cette aventure me rappelle que tout est grâce, que « pour ceux qui L'aiment, Dieu fait tout tourner au Bien ». Cette Lumière m'enfonce dans la certitude d'être aimée telle que je suis et quoi qu'il arrive. Me remettre entre les mains du Père de tendresse, dans l'abandon à sa Bonté, est une nécessité, ainsi que m'offrir à l'Amour miséricordieux dont parle Thérèse.

Mais qu'est-ce au juste que cette offrande à l'Amour miséricordieux, que Thérèse veut nous faire partager ? Ses paroles sont à méditer : « Ô mon Dieu, m'écriai-je au fond de mon cœur, n'y aura-t-il que votre justice qui recevra des âmes s'immolant en victimes ? Votre Amour miséricordieux n'en a-t-il pas besoin, lui aussi ? De toutes parts, Il est méconnu, rejeté. Les cœurs auxquels vous voulez le prodiguer se tournent vers les créatures, leur demandant le bonheur, au lieu de se jeter dans vos bras et d'accepter votre Amour infini. »

Et le Père Varillon souligne, dans son livre *La souffrance de Dieu* : « Dieu ne souffre pas d'être frustré de quelque chose, mais à cause d'une plénitude d'Amour qu'Il ne parvient pas à répandre. » Quelle lumière !

Donc, plus nous ouvrons notre néant, nos misères, notre pauvreté, nos péchés mêmes à l'infini pouvoir de sa grâce, de sa Miséricorde, plus nous glorifions son Cœur, lui, venu, non pas pour les justes mais pour les pécheurs.

Plus nous laissons à Dieu la liberté de nous combler, plus Il est glorifié. La confiance lui donne tant de joie, Lui qui a dit de la chananéenne : « Jamais, je n'ai trouvé tant de Foi en Israël. »

Dieu Trinité a besoin de l'offrande de nos pauvretés, nos faiblesses, notre rien. Lui seul est capable de combler une créature par la surabondance de son Amour miséricordieux.

Jésus, je ne suis pas digne d'être tellement aimée de Toi, dans ma petitesse et sans vertu.

Quand donc nous réjouirons-nous avec saint Paul de toute constatation de nos impuissances, afin qu'habite en nous la force du Christ. « Lorsque je suis faible, c'est alors que je suis fort » (2 Co 12, 7-10). Et c'est alors que le Christ peut nous envahir, nous combler sans obstacle. Il peut même glorifier son Cœur et étancher sa soif de nous accueillir tels que nous sommes et de nous combler en plénitude. « Voici que je me tiens à la porte et que je frappe » (Ap. 3-20). Et son cri en dit long : « Si quelqu'un a soif, qu'il vienne à Moi et qu'il boive. Celui qui croit en Moi, de son sein couleront des fleuves d'Eau vive. Il parlait de l'Esprit que devait recevoir ceux qui croient en Lui » (Jn 7-39) et qu'il pourra enfin combler de sa Plénitude, spécialement à chaque Eucharistie, si nous Lui donnions la possibilité de posséder tout notre être.

Soif qu'Il attend que nous étanchions par la remise de tout nous-même. La Trinité nous demande la confiance aveugle en sa Miséricorde, confiance qui donne l'audace d'offrir sans réserve notre rien à celui qui est tout et peut tout.

Confiance qui permettra à notre Dieu de faire tout pour nous, de déverser les flots infinis de sa Tendresse, de sa Miséricorde sans limite.

Thérèse dit encore : « C'est un manque de Foi et d'Espérance de dire : "la sainteté, ce n'est sûrement pas pour moi". »

Ce qui séduit Dieu en elle, ce ne sont pas ses vertus ou ses richesses mais sa pauvreté, même sa « non-sainteté ». Nous élever, c'est couper la communication entre l'être et le néant.

Le don de science nous donne de savourer notre néant face à la sainteté de Dieu. C'est lui qui nous aide à aimer notre faiblesse avec douceur et à savourer la douceur de notre rien.

Le don de science nous apprend à nous glorifier de nos infirmités et à ne regarder que l'unique Bien-Aimé.

Alors notre faiblesse nous apparaît comme une pierre précieuse, à ne pas fuir, surtout.

Dieu désire trouver des cœurs pauvres. Il est prêt à nous faire tous les dons qu'Il a fait à Thérèse, à tous les saints pourvu que nous lui offrions notre misère, et restions des êtres à combler.

Là se cache la Miséricorde.

« C'est la confiance, rien que la confiance qui doit nous conduire à l'Amour. »

Il nous faut demander à Jésus de ne commettre que des fautes qui ne l'offensent pas. Ce qui Le blesse le plus, c'est le manque de confiance. Le propre de la confiance est de ne s'appuyer sur rien d'autre que l'Amour et la Miséricorde.

Faire confiance, c'est aussi ressembler à Marie, Elle ne comprend pas, mais elle sait que rien n'est impossible à Dieu. Tout est possible à celui qui croit, à celui qui abandonne tous ses appuis humains et s'enracine en Jésus.

Faire le plongeon en Dieu seul. « Ne plus prouver notre amour par des résolutions, mais transformer nos résolutions en prière, en supplications », suggère le Père Lafrance.

Un sursaut de désespoir nous lance parfois dans la vraie prière et la confiance aveugle.

Puisque nous sommes sauvés dans le Christ, en Lui aussi nous avons à nous abandonner pour Lui laisser la possibilité de nous sauver, et nous sanctifier.

Avant le sommeil, il est bon de prier ainsi : Que l'Esprit-Saint fasse de mes limites, de mes faiblesses, de mes fautes même, une vivante offrande à ton amour miséricordieux.

Que nos manques d'amour constatés, glorifient la miséricorde qui vient toujours au-devant de nous. Que de preuves Jésus nous en donne dans l'Évangile.

À propos de ceux qui le rejettent, se moquent de lui, le torturent sur la Croix, Jésus a ce seul mot sur le bois de son supplice : « Père, pardonne-leur, ils ne savent pas ce qu'ils font. »

« Pour aimer Jésus, être sa victime d'amour, plus on est faible, sans désirs ni vertus, plus on est propre aux opérations de cet amour consumant et transformant », dit toujours Thérèse. Nous aussi avons à refaire chaque jour cette offrande à l'amour miséricordieux, à chaque Eucharistie, le soir dans l'examen de conscience.

Que tous ceux qui se sentent incapables de devenir des saints ne se découragent pas. Rappelons-nous ce moyen pauvre : à chaque constatation de nos limites et fautes même, les offrir à la miséricorde pour la glorifier avec la certitude de donner une joie inconcevable à notre Dieu. Il n'est que tendresse pour ses enfants dès qu'ils se repentent et reviennent à lui. Lui faire enfin l'hommage de croire que son Sang purifie tout de façon radicale. Tout est englouti. Le seul vrai moyen de nous unir au Christ est de nous tenir devant lui dans notre misère. Tout est transformé : mort devenue Vie.

C'est ainsi que l'on peut aimer sa pauvreté, heureux de livrer ce rien à l'Amour. Ainsi, nous nous savons aptes à glorifier l'Amour miséricordieux. Dieu ne pourra me rendre selon mes mérites ? Eh bien, il me rendra selon ses œuvres à lui. Et j'aurai la certitude que, de toutes les confiances, celle qui honore davantage le Seigneur est celle du pécheur persuadé de la miséricorde inépuisable de Dieu et dont les péchés lui paraissent comme un atome en présence de cette miséricorde, dit le Père la Colombière.

La miséricorde du Christ vit en nous

La laisser jaillir pour les autres. Idéal, bien sûr, jamais atteint ! Y tendre indéfiniment ; accueillir cette Bonté avec le Christ en nous, surtout pour ceux qui nous blessent le plus. « Montrez-vous miséricordieux comme votre Père céleste est miséricordieux. Ne jugez pas, vous ne serez pas jugés, ne condamnez pas, vous ne serez pas condamnés » (Luc 26, 36).

Cela me rappelle une histoire, jamais oubliée. Un pécheur avait volé et peut-être tué... Atteint par la maladie, il demande un prêtre :

– Votre paix me semble admirable !

– Oui, j'ai fait tout et le reste, beaucoup de mal dans ma vie, mais je n'ai jamais jugé personne. Alors je prends les paroles de Jésus à la lettre : « Ne jugez pas et vous ne serez pas jugés ! »

« Heureux les miséricordieux, ils obtiendront miséricorde » (Mt 5, 7).

Thérèse nous aide encore, elle s'abstient de tout jugement moral. Les défauts sont pour elle des faiblesses, des infirmités morales chroniques. « Une maman ne cesserait pas de soigner, d'essayer de soulager son enfant s'il restait malade toute sa vie ! », dit-elle au sujet des âmes esclaves de leur éducation, de leur manque de jugement, de leur caractère susceptible. Elle veut que l'on traite les âmes comme l'on traite les corps avec la même délicatesse. Malades, faibles, toutes souffrent.

Thérèse ne parle jamais de mal mais toujours de maladie, de souffrances, elle a pour toutes personnes amour, respect, compassion, indulgence. Elle croit que ces personnes ne sont pas plus coupables de leurs infirmités que ne le sont leurs corps. Les défauts sont pour Thérèse des faiblesses. Elle parle de personnes blessées et non pas méchantes.

Derrière l'agressivité, nous avons à reconnaître l'angoisse. Concevoir les défauts comme des symptômes d'une douleur cachée. Elle dirait : « Faites ce que vous pourrez », dans un état dépressif. Oui, ne jamais juger, non pas seulement parce que c'est mal, mais parce que nous nous trompons tellement lorsque nous jugeons les autres. Dieu seul connaît le cœur de celui qui agit. Nous voyons l'extérieur. Dieu voit l'intérieur.

« Si notre cœur nous accuse, Dieu est plus grand que notre cœur et il connaît tout » (1 Jn 3, 20). (Étant l'Amour, Dieu est plus clairvoyant et indulgent que notre conscience.) L'être victime de lacunes psychologiques est à plaindre, non à blâmer.

Dans les difficultés de rapport, nous ouvrir à la puissance de Bonté du Christ qui nous habite, être son passage pour que l'autre découvre Dieu dans notre pardon. Lui seul peut le faire, mais pas notre effort. Le Christ fera cela en nous, se communiquera même à notre insu si nous attendons tout de lui.

Observons comment la Tendresse de Dieu traverse les parents de Chantal.

J'ai pardonné depuis longtemps.

Au mois d'octobre 1984, en France, le pardon a crevé tous les écrans de postes de télévision ! C'était le compte rendu de la dernière séance du procès de Frédéric, jeune de 21 ans. Deux ans avant, il avait tué, d'un coup de revolver, Chantal, jeune fille de 18 ans. Frédéric avait un grand amour pour elle. Elle n'avait pour lui qu'une amitié. Frédéric ne put le supporter, et, dans un moment de folie, il l'a tuée. Un journaliste raconte :

Le 5 octobre, le père et la mère de Chantal viennent dire au tribunal qu'ils ne demandent aucune réparation pour la mort de leur fille.

Le père s'explique avec calme : « Je suis catholique et je tiens à faire passer le message du Christ dans la vie quotidienne. Je ne vous dirai pas ma peine, mais je sais que ma fille est maintenant dans la joie et la lumière. J'ai pardonné à Frédéric depuis longtemps. Je ne serais pas plus ému aujourd'hui si c'était un de mes fils qui était à sa place. Je voudrais que sa vie, à sa sortie de prison, ne soit pas gâchée. J'ai beaucoup prié pour lui. Je continuerai à le faire. »

Dans le tribunal, c'est un profond silence. On n'avait jamais entendu des mots pareils. C'est maintenant la mère de Chantal qui s'exprime... « Quand nous avons appris la mort de Chantal, notre premier cri a été : "le malheureux". Car pour elle, nous avons su tout de suite qu'elle était dans la paix, alors que lui, il est dans une situation terrible. C'est lui maintenant qui a besoin d'aide. Nous ne voulons pas ajouter à tout ce qu'il a à supporter. Et puis, nous sommes chrétiens, nous n'avons pas le droit de juger. » Frédéric, dans le box des accusés, est en larmes. Il murmure : « Ce que vous venez de dire est extraordinaire. » La mère de Chantal lui parle : « Frédéric, vous savez bien que vous n'êtes pas seul. » Dans le tribunal, l'émotion est à son comble. Le juge ordonne une suspension de séance.

Frédéric, finalement, est condamné à cinq ans de prison. Les parents de Chantal ont décidé d'épauler les parents de Frédéric pendant ce temps si difficile pour lui et pour eux. Les deux familles se voient régulièrement. Une fois par mois, les deux mamans se retrouvent pour aller à la messe ensemble. Du journal *La Croix*, oct. 1984.

Aujourd'hui, le Christ Jésus redit à tous : « Si tu m'aimes, sois messager de ma miséricorde. »

Son Cœur transpercé nous parle d'une Bonté sans limite à déverser sur tous. La condition : y croire. « Si tu crois, tu verras. » Nous ouvrir sans cesse à cette grâce du pardon, pour le prochain, puisque nous le recevons sans cesse de Dieu pour nous.

N'est-ce pas logique de laisser le Christ prendre possession de notre être pour agir vis-à-vis des autres et les aimer comme Dieu les aime, avec leurs misères, comme il nous aime avec les nôtres ?

L'Évangile de Mt 18-23 relate l'histoire d'un homme à qui on devait 100 pièces d'argent. Il n'accepte pas de n'être pas remboursé, alors que son maître venait de lui remettre une dette de 10 000 talents. Un ancien détenu s'ouvre tellement à la miséricorde qu'à sa sortie de prison, il est prêt à toutes les réconciliations. On lui a volé deux paires de chaussures. Il se dit : « J'ai péché tellement plus dans ma vie... » Alors il retrouve la paix, il ajoute « et puis, ils ne peuvent pas me voler ma Foi ». Il pardonne au point de retrouver avec joie ceux qui furent ses adversaires ; la relation est restaurée.

À chacun, Jésus dit : tu as découvert le trésor de ma miséricorde, tu sais que je te pardonne chaque fois que tu reviens vers moi et te repens. Dans l'Eucharistie, laisse-moi t'inonder de ma Tendresse pour la vivre en chaque occasion. Baigne ceux qui te font souffrir dans la confiance en la Bonté, la douceur de mon Cœur en toi. Que tous ceux qui t'approchent découvrent l'immensité de ma tendresse de Père pour les pécheurs.

Lorsque le mal est manifeste : « Si tu es sans péché, jette-lui la première pierre », nous dit Jésus. Et puis, si j'avais les mêmes difficultés, les mêmes tentations, les mêmes épreuves, que ne ferais-je pas ?

Et si, dans cette lumière, l'Esprit d'amour, au lieu de juger, inspire de demander pardon à Dieu du mal perçu, comme si nous l'avions commis ! Quelle transformation de vie ce serait. La miséricorde deviendrait contagieuse. Comme à Joséfa, Jésus te dit : « L'unique désir de mon Cœur est de te posséder dans mon amour puis de faire de ta petitesse un canal de miséricorde. » Alors, l'Eau vive jaillira du Cœur de Dieu en moi. Du haut de la croix, Jésus dit à chacun : Je t'ai aimé jusque-là ! « Celui qui croit en moi, des fleuves d'Eau vive jailliront de son cœur » (Jn 7, 38). Du cœur de Jésus et de mon cœur habité par le Sien. Je te répète : sois messager de ma miséricorde. Rappelle-toi : « Je vous donnerai un Cœur nouveau, je mettrai en vous un esprit nouveau. J'enlèverai votre cœur de pierre et je vous donnerai un Cœur de chair » (Ez 36, 25). C'est ce Cœur qui agira en toi si tu le rejoins au fond de ton être et si tu attends tout de lui.

Cette miséricorde dont je te submerge, veux-tu la faire découvrir aux autres ? Veux-tu te désarmer de ta justice pour faire miséricorde et répandre cette Source qui est en toi ? Michel, un jeune loubard réglait facilement ses conflits avec un couteau à cran d'arrêt. Un jour où il partait pour se venger, il rencontre des jeunes qui allaient à un groupe de prière. Un peu embarrassé, il cède à leur invitation. Pendant l'assemblée de louanges, il se laisse toucher par la Tendresse du Seigneur. Quelques jours après, il retrouve celui qui avait été son ennemi. Il a pu lui dire : « Mon cœur te pardonne. » Il faisait l'expérience d'une puissance d'amour qui, désormais, agissait en lui. Et il réalisait que cela ne venait pas de lui mais d'une source nouvelle qui jaillissait en lui. Dans les conflits, le « pardonne-moi » est encore plus efficace que le « je te pardonne ».

Il nous faut lâcher prise, laisser le cœur du Christ, sa volonté, sa vie prendre possession de notre être, alors l'Esprit-Saint réalisera ce qui ne nous est pas possible. Quel programme ! Non pas notre amour à nous, mais le Sien. En celui qui met toute sa confiance en lui, Dieu peut tout. « Si tu peux quelque chose, viens à notre aide », supplie le père de l'épileptique, en se tournant vers Jésus. « Tout est possible à celui qui croit », répond Jésus. Aussitôt le père de l'enfant s'écrie : « Je crois, viens en aide à mon peu de foi » (Marc 9, 14). Laisser passer la compassion du Christ autour de nous. Lui seul fait grandir, convertit, et non pas nos agitations, nos inquiétudes. Qui que nous soyons, Jésus nous appelle tous à être signe de sa Bonté. Celui qui aime ne peut douter de la miséricorde inépuisable de son Dieu. Il désire être le témoin vivant.

Jésus, je ne suis pas digne d'être tellement aimé de Toi, que tu m'appelles sans cesse – moi, pécheur.

C'est clair : « Je ne suis pas venu appeler les justes mais les pécheurs. » Tu me dis avoir besoin de moi !

« Demeure en Moi comme Je demeure en toi... Celui qui demeure en Moi porte beaucoup de fruits. »

Tu me dis avoir besoin de mon néant ! « Fais-toi capacité. Je me ferai torrent. »

Au début de ce chapitre, notre Sauveur, le Miséricordieux, nous priait de L'aimer tels que nous sommes.

En terminant, Jésus-Christ nous prie de nous ouvrir à l'infini pouvoir de son Cœur, de sa Miséricorde, des dons de Son Esprit.

Il attend le moindre signe de réponse.

Il nous redit : « Je viens à toi avec l'infini pouvoir de mon Amour. »

Paroles que nous livre Mère Térésa dans ce beau texte à savourer.

Je t'aime tel que tu es

« Voici que je me tiens à la porte et que je frappe. »
C'est vrai ! Je me tiens à la porte de ton cœur, jour et nuit.
Même quand tu ne m'écoutes pas,
même quand tu doutes que ce puisse être Moi, c'est Moi qui suis là.
J'attends le moindre petit signe de réponse de ta part,
le plus léger murmure d'invitation, qui me permettra d'entrer en toi.
Je veux que tu saches que chaque fois que tu m'inviteras,
je vais réellement venir.
Je serai toujours là, sans faute.
Silencieux et invisible, **je viens**, mais **avec l'infini pouvoir de mon amour.**
Je viens, apportant tous les dons de l'Esprit-Saint.
Je viens avec ma miséricorde, avec mon désir de te pardonner, de te guérir,
avec tout l'amour que j'ai pour toi ;
Un amour au-delà de toute compréhension,
un amour où chaque battement du cœur est celui que j'ai reçu du Père même.
Comme le Père m'a aimé, moi aussi je vous ai aimés.
Je viens, assoiffé de te consoler, de te donner ma force, de te relever,
de t'unir à moi, dans toutes mes blessures.
Je vais t'apporter ma lumière.
Je viens écarter les ténèbres et tous les doutes de ton cœur.
Je viens avec mon pouvoir capable de te porter toi-même
et de porter tous tes fardeaux.
Je viens avec ma grâce pour toucher ton cœur et transformer ta vie.

Je viens avec ma paix, qui va apporter le calme et la sérénité à ton âme.
Je connais tout de toi.
Même les cheveux de ta tête, je les ai tous comptés.
Rien de ta vie n'est sans importance à mes yeux.
Je connais chacun de tes problèmes, de tes besoins, de tes soucis.
Oui, **je connais** tous tes péchés, mais je te le redis une fois encore :
Je t'aime, non pas pour ce que tu as fait, non pas pour ce que tu n'as pas fait.
Je t'aime pour toi-même, pour la beauté et la dignité que mon Père t'a données
en te créant à son image et à sa ressemblance.
C'est une dignité que tu as peut-être souvent oubliée,
une beauté que tu as souvent ternie par le péché,
mais **je t'aime tel que tu es.**

Mère Térésa.

(Extrait de *Le Sacré Cœur, source de l'Amour,*
secrétariat de l'Œuvre du Sacré-Cœur, Paray-le-Monial.)

Ce nouveau millénaire ne sera-t-il pas celui de la Miséricorde et l'an 2011 l'année du Seigneur Miséricordieux ?

« Dieu veut le salut de tous les hommes », tous pécheurs, tous sauvés dans le Christ, suspendus à sa Bonté.

Que Marie, Mère de Miséricorde, soit notre avocate auprès de son Fils.

TABLE

Dans le creux de la vague et de la désespérance 13
Fascinée par l'icône 16
Pourquoi en dire plus ? 17

I Une confiance folle 21
II Toute prière est exaucée 27
III Le Père m'exauce toujours 41
IV Ton pardon te recrée 47
V Le sacrement de la miséricorde 61
VI Jésus-Christ te communique sa Vie 69
VII Marie Immaculée, reflet du Cœur de Dieu . 81
VIII Une présence t'habite 91
IX Au plus intime de mon être, Il est Source qui veut se déverser sur le monde 111
X Ose la confiance – Va ! Je suis avec toi 125
XI Deviens ce que tu contemples 129
XII Sauvés dans le Christ 135

Achevé d'imprimer le 7 mars 2011
sur les presses de
La Manufacture - *Imprimeur* – 52200 Langres
Tél. : (33) 325 845 892

N° imprimeur : 11104 - Dépôt légal : mars 2011
Imprimé en France